身心解脱

耳根円通法秘録

木原鬼仏

前永平寺貫主　森田悟由禪師題字
耳覺始祖　原田玄龍師序文
心靈哲學會長　木原鬼佛講述

身心解脱
耳根圓通法秘錄

心靈哲學會編纂

嚴禁他人開披傳授

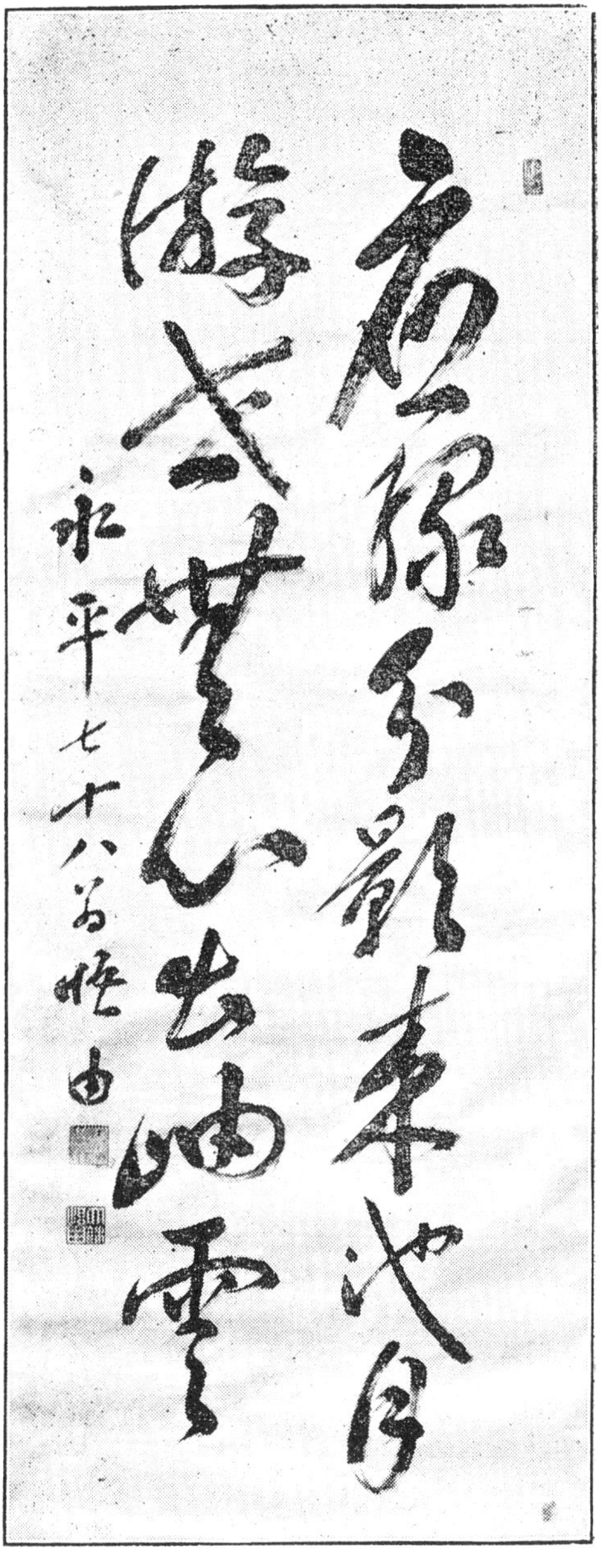

森田悟由禪師

序文

大聖釋迦如來、三界の衆生を悉く濟度せんが爲めに方便至らざるなし。初め成道の時、華嚴經を說かるゝや、聽衆聾の如く啞の如し。茲に於てか、三七日の間思惟せられ、小乘より大乘に及さんとて、阿含、般若、法華、楞嚴、涅槃の順序を履踐して其間横論縱說せらる。眞に如來は大醫王なり。その後、頓、漸、祕密、不定、藏、通、別、圓の部別は震旦を經て我邦に來り、今や十三宗五十六派となるに至れり。一心を說きて無量の法門を開かれたるを以て、各宗各派その說を異にして互に相枯杭す。彼の日蓮をして念佛無間、禪天魔、眞言亡國、律國賊と放言せしむるに至る。然るに中古その人に缺くるありて、唯だ坐禪公案の形式を存するのみにして、その眞は全く衰滅せり。實に浩嘆に堪へず、彼の問答の如きは實境界に至りし先祖師の祕密話頭なるを、後人其境に至らずして、或は喝し、或は打し、趙州の狗子佛性、乃至五百世野狐の問答をなし、一種の狂劇を演ずるに至る。是れ如何なる心ぞや、予愚なりと雖も聊か時運洞観の明あり。如來深祕の寶藏を開きて、普く衆生に教へんとす。是れを究め來り究め去りて、その妙田地に至らば、假令百惑の苦に遭ふと雖も苦慮の念なく、一切の疾病に冒さるゝことなし。

鬼佛茲に祕錄を記し、學人の爲め活用自在の便に充てんとす。依つて一言述べて序となす。

大正六年四月

原田玄龍識

序文

自物質文明之東漸于茲五十年將凌賀泰西矣。國民之體格逐日衰弱較之往昔未開之時啻非霄壤之差豈非不可思議乎。於是乎世人漸惓物質將求那物乎於精神界。日研月究東西相競焉。然而多捉其末節毛端而誇張自賛射利欺他未有根本良法眞能抜苦與樂使心身健全者也矣。獨木原鬼佛先生所唱導耳根圓通法及妙智療法者遠出於釋尊之遺法係得原田玄龍老師所發見。理論精透方法簡易雖何人易曉易施。余頃日習得焉。試之自巳又施難病者皆能奏起死回生之効加之其健康亦倍昔日矣誠是解惑去疾保健康之根源而　聖代之偉業也。庶幾國民普學斯法增進其健康則實邦家之幸慶也。今際祕書改刷聊述所感爲序。

大正六年仲秋之日於北勢龜山

林　東　川

序

輓近物價文明の弊に飽きたる反動として、心靈の研究家簇出し、各々法幢を樹立して互に是非得失あり。此間に於て、嶄然一頭地を抜きたる健康修養法の提供せられたるものを耳根圓通法となす。濫觴を楞嚴經に發し、其脈流れて覺仙原坦山禪師の實驗となり、再傳して原田玄龍老師の新發見となり、更に一轉して法燈を木原鬼佛居士に高挑するに至れり。

惟ふに耳根圓通法は釋迦滅後其眞傳を失したりしも

十二世馬鳴菩薩に至り確實なる三昧修行によりて佛祖の眞法を發見悟入し法燈の衰退を回復したりしが、其後佛教は印度に於て再び衰退せしも、更に東漸して支那に入り、朝鮮を經て我邦に來るや、茲に幾多の曲折波瀾を生し、十三宗五十六派の多きに達し、各々其特色を帶び隆盛を極めたるも大悟底の修行としては中世以降は殊に禪宗即ち曹洞臨濟の二派に指を屈せざるを得ず。これ偏に我武士道と同道唱和底の共鳴點あるを以て、苟も古來指を大乘佛教に染めたる者は悉く禪の鉗鎚を受けさるはなしと云ふも必しも過言にあらざるなり。

今や俗稱禪學の興隆は、朝野を論せず、都鄙を問はず、翕然として白隱隻手の公案に沒頭し、洞山痲三斤の一拶に默契し、彼の雪峰和尙の所謂「大悟十八遍小悟その數を知らず」と云ふが如き、居士大姉は粟の如く、痲の如く修禪道場に充滿せる有樣なり。豈敬して且つ畏れざるべけんや。

然れども翻つて、彼れ臨濟曹洞二派の互に主張する所を省るに臨濟派は曹洞派を呼んで穴藏坊主となし、曹洞派は臨濟禪を目して梯子悟となす、其巨匠はいざ知らず、其末派末輩は互に惡聲を放つて顧みず嗟乎是れ果して誰か烏の雌雄を知る者ぞ。

然るに、豈に圖らんや、鎮鎁は逸して深淵に匿れ、明玉は沒して崑山に藏せんとは。耳根圓通法が釋迦滅後泯爲埋沒して世に發見せられざること茲に三千年、漸く現代に至り、奇しくも玄龍師に依り發見せられ鬼佛居士の傳證に依りて、普く社會に宣傳せられ、深淵の鎮鎁崑山の明玉は全く世に現前し識者の耳目を聳動す。吾人亦、其庇蔭を蒙るを得たるは何の福祉か之に若かんや。

耳根圓通法が健康法として、將た身心修養法として、効驗顯著なることは原田老師竝に諸方の報告に徴しし明瞭なる所にして殊に彼の俗間數多の健康法や修養法たる胸腹坐禪、或は丹田呼吸の如き、六識修行の聲聞緣覺の小乘法に非ずして、八識修行の菩薩行たる大乘法なることは本法の一大特色なれば、是やがて禪界の中堅隊こして、天下を三分鼎立し一大旗幟を飜すを得るや、決して難事にあらさるなり。

今夫れ曹洞禪を以て魏の曹操とすれば臨濟禪は吳の孫權となすべく、耳根圓通法に至りては蜀の劉備を以て擬すべく、而かも之を呼んで楞嚴王禪と云はんも豈不可なりとせんや。余は切に本法の宣布流通を熱望して止まざるのみならず、遂に天下を一統し、帝位に即くの正統後漢帝たらんことを豫期して疑はさるなり。

鬼佛先生、頃日余に書を寄せて序文を徴せらる。余無學にして文辭に嫺はす、之を固辭せんと欲すれども嚴命既に決して又奈何ともすべからず。因て聊か蕪辭を綴りて以て序文に代ふと云ふ。

脱圈　鹽川爲泉識

自序

古來世の賢哲にして、心識の實體を說くもの頗る多しこ雖も、概して抽象的觀念に據り、理智的にその色相を云爲するに止り、或は紅こ說き白こ說き、有こ說き無こ說くのみにして實證的に之を確證したるもの絕えて無し。獨り印度の釋迦如來は、千古未曾有の頴智こ打坐三昧によりて、心識の實體を大覺し、遂に佛敎を創始せり。然るに其後久しからずして佛敎はその眞傳を失ひたりしも、十二世馬鳴菩薩に至り、確實なる三昧修行によりて、佛祖の眞法を發見悟入し法燈の衰退を回復せり。

其後佛敎は印度に於て再び衰退せしも、東漸せしものは、支那·朝鮮を經て我國に來るや、各國共に帝王の尊崇を得て諸國に傳播し、我邦にありては十三宗五十六派となり、益々隆盛を極むるに至れり。

斯くて佛教は心の法として一般に尊崇せられ、その經論法論は、詳を極め微を盡したれども、未だ嘗て如何なる善智識も、その心識の實體を究めて之を確實に知るの法を唱へたる人無し。然るに明治の聖代に至り、傑僧原坦山翁は、その該博なる學識に據り、心源の本體の腦部に在るを確證し、以て心識論及び惑病同體論を唱道せり。

原田玄龍師、又翁に師事してその論を聽き、終に新たに發見する所ありて、耳根圓通の實法を創說し、佛祖の大功德を日月とその光輝を爭はしむるに至らんとす。而して何人たりとも、耳根圓通法の極致に到達するときは、その人の心機を一轉して諸種の煩悶を解脫し、病魔を驅逐して、智德圓滿、健康長壽の人たるを得べく實に宗敎・敎育・醫學の三方面に通ずる一切の眞髓を具有する天下無雙の修養法なり。玆に至つて三千年間印度支那に於ても心源の確證を認め能、はざりしを、我國に得たるは佛敎の大復興とや言はん。原田師の功績の偉大なる當に千古に傳ふ可し。

我が耳根圓通法は、近時世俗に流行する、彼の胸腹坐禪、或は丹田呼吸の如き、六識修行の聲聞緣覺の小乘法に非ずして、八識修行の菩薩行たり。玄龍師がこの法を發見したるは明治二年にして、師は今日まで五十餘年間、實踐躬行、其間一回だも藥餌に親まず、本年八拾壹歲の高齡を以て、矍鑠こして尙壯者を凌ぐの概あり。予は今回老師より耳根圓通法の傳燈を授けられ玆に靈肉救濟の方法こして之れを全國に普及せんこす、これ本書を刋行する所以なり、

佛教傳來千三百六十六年四月八日世尊聖日

木原鬼佛識

一、耳根圓通法は、近時流行の靜坐法、呼吸法等の修行とは、其趣きを異にし、大乘的の修行法にして耳根通徹の境に達せば、性格は一變して怯者は勇者となり、弱者も强者となり、憂悶も變じて快活となる。故に本法は身心强健、無病長壽を得るの大活法なり。

一、耳根圓通法の妙味は、行往坐臥の間、繁忙閑雜の中に於て泰然自若たるを得るの點にありとす。

一、耳根圓通法の修行は、各自世務の傍ら、行往坐臥の間に修行し得られ、普通一日に三回十五分間位宛、大凡一週間乃至二週間の實修によりて通徹し、而して其後は學人の努力如何によりて、その堂奥に入る事を得るなり。

佛仙　原坦山翁

左　原田玄龍師

右　鬼佛居士

陀那返流ノ秘圖

前腦

後腦

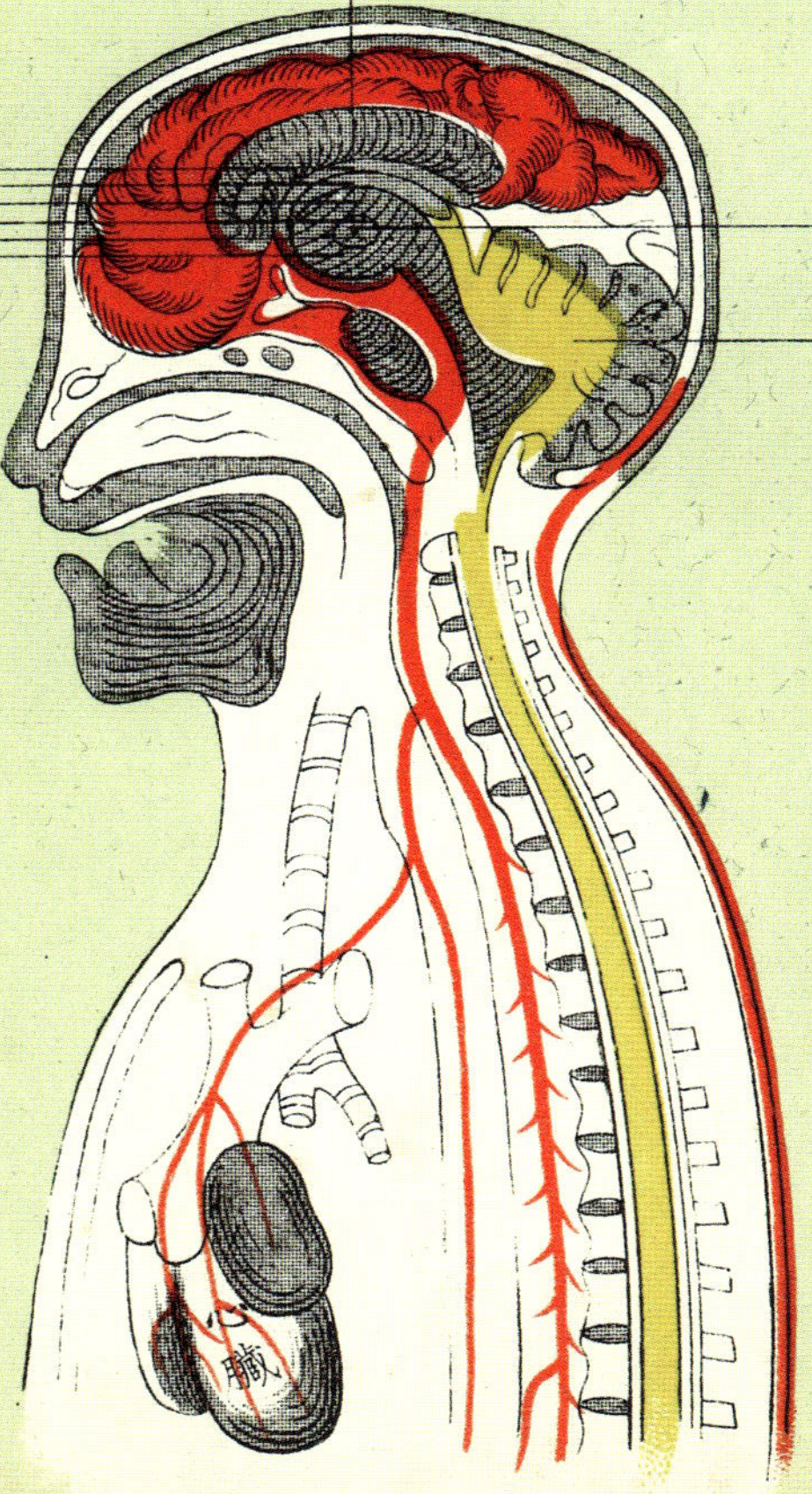

前腦ハ心識和合ノ根源ナリ。耳根ノ定カヲ以テ清浄ナラシメタル陀那ガ後腦ヨリ前腦ノ心性ニ和合シテ六根六識ニ流布スレバ、無明及ビ病根ヲ断シ身体ノ営養ヲ旺ナラシメ健康ノ妙地ニ達シ且ツ大悟底ノ人トナル事ヲ得。

腰骨盤ヨリ脊髓ニ昇流スル陀那ハ後腦ヨリ前腦ノ心性ニ和合スルモノナリ。若シ耳根ノ定カニテ清浄ナラシメサル陀那ガ前腦ノ心性ニ合シタルトキハ、精神上ニテハ無明煩惱トナリ、肉體上ニテハ総テノ病根トナル

六識ト病源

眼識ニ明暗アリ

耳識ニ動静アリ

鼻識ニ通塞アリ

舌識ニ恬變アリ

身識ニ離合アリ

意識ニ生滅アリ、前腦ヨリ胸、腹部ニ通ズ。若シ陀那ガ胸部(七識)ニ停滞スレバ、肺、心臟ヲ侵シ腹部(六識)ニ固結スル時ハ胃、腸病其他腹部ノ諸病ヲ發ス

陀那停滞スレバ

眼疾トナル

耳疾トナル

鼻疾トナル

口疾トナル

腫物ヲ生ズ

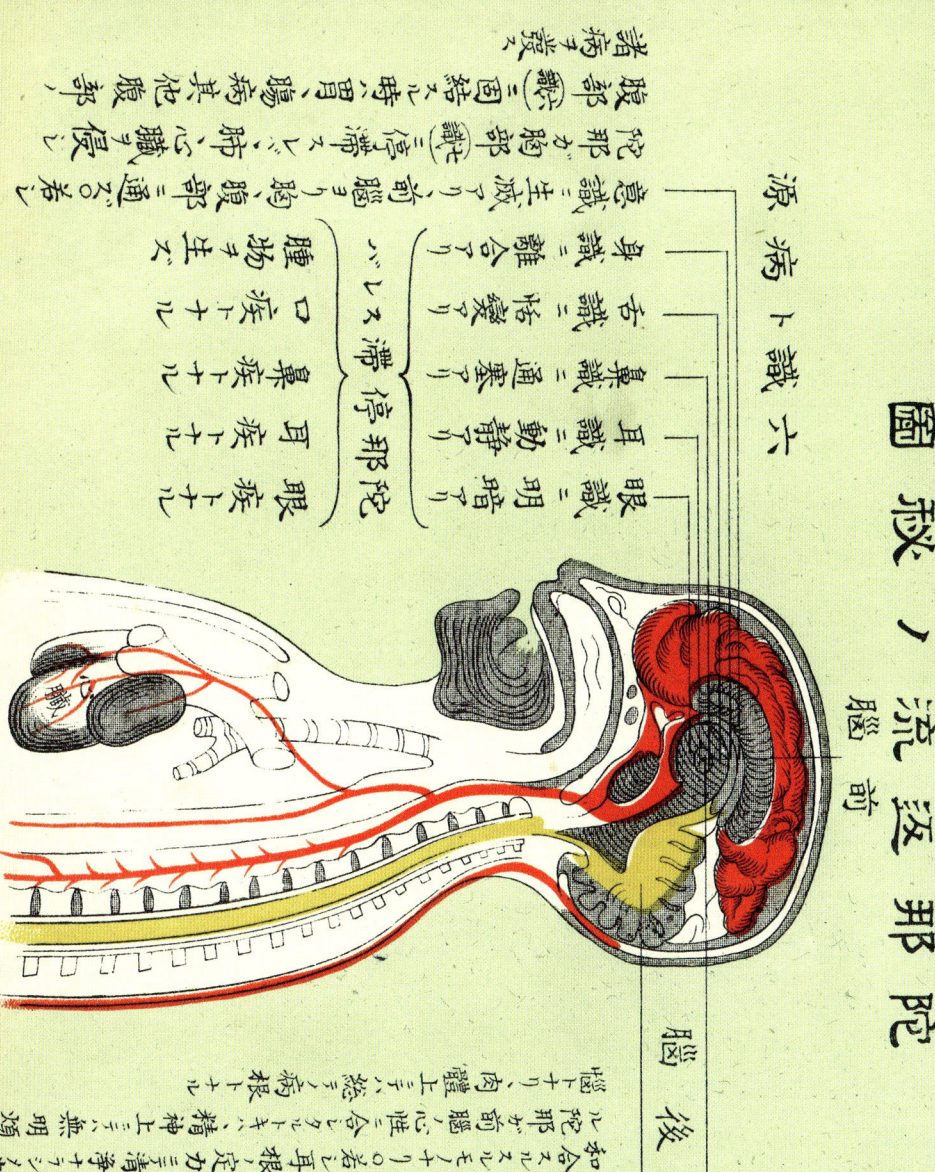

身心解脱耳根圓通法祕錄目次

第一編　總論……一

第二編　耳根圓通法の原理

第四章　通徹後の修養（寫眞版說明）……八九

身心解脫　耳根圓通法祕錄目次（終）

附録
首楞嚴經略疏目次

身心解脱 耳根圓通法祕錄

木原鬼佛講述
心靈哲學會編纂

第一編 總論

第一章 文明の病弊と耳根圓通法

現代文明は幾多の長所を發揚すると同時に、一面には大に憂ふべき象徴を伴つて居る。而して其流弊の中には、皮相なる現實に醉ふて頗る淺薄なる人生觀に甘んずる者が少くない。是れ國家の盛衰に關する大問題であつて決して等閑に附すべからざる事である。人道の綱紀を永遠に維持し、堅全なる文明を創設せんとするには、從來世に流布されつゝあるが如き平凡なる教義では斷じて効果は擧らない。現代社會の深憂こしては人々各自が精神力の偉大なるを閑却するの傾向があつて、自已的思想旺盛こなり、薄志弱行の徒は徒らに增加して、彼の剛健雄大にして社會の指導者こもなり、命令者こもなるが如き眞人物は殆ご見當らないやうになつた。故に社會はその救濟の道を講じ各旗幟を樹てゝその黨類を募る樣に混亂し始めた。或る者は身體の鍛練を說いて呼吸法を敎へ、又精神の修養を叫びて靜坐を示し、或は嚴冬に身を水中に沒し、或は裸体にて靜坐を强ひる人があるが、夫等の人の著想もその修練も固より排斥すべき程のものでは無いが、その著想こ形式この頗る彼の婆羅門の徒に相似たるものあるは奇こすべきである。

近來の文明人には一面に於て現實病の跋扈すること同時に、他面には頗る迷信的信仰瀰漫して人智の進歩を無視し、妄りに神秘的の迷信に流れて人類の眞價を閑却するもの多く、或は人類を悲觀して自殺するを聖解なりとする者もある。或は又生活に執着して道德を無視するもあり、或は妄りに神佛の托生を說くもあり、或は草根木皮を食ひ、又斷食するの奇行者もある、其他罪障を說く者、或は無神無佛を唱ふる者等種々ありて、社會的恒心の紛亂を生じて來た。是等の病弊に耽溺せる世人を救はんには、その病弊を匡正するに足るの大敎義を有する身心の修養法でなければならね。予はその要求に應ずるものは只耳根圓通の解脫法あるのみと信ずるのである。耳根圓通法は釋迦の大乘敎中隨一の修行法であるが、吾人は千古無二の大眞理を傳へたる釋迦のこの大法に對しては人類の進步發達を講ずる上に於て滿腔の歡喜を以て迎ふるもので、之を以て先づ東洋の盟主たるべき命運を有せざるべからざる我日本人現代の病弊を匡正する唯一手段として玆に之を推唱するのである。

第二章　現代の修養法

物質文明の反動こして、輓近健康修養法の世に唱導せらるゝこご其幾十種なるを知らず、曰く太靈道の公宣、曰く岡田式靜坐法、曰く藤田式息心調和法、曰く檜山式正坐法、曰く土井式强健法、曰く何、曰く何こ殆ご枚擧に遑ない程である。それらの修養法、健康法の教義や道理を克く呑み込み、その修むべき方法を實踐躬行して眞髓を體得したならば、安心立命も轉迷開悟も、膽力の養成も、意志の鍛練も出來、從つて肉體の方も無病健全こなり得る筈なるに、扨その實際に於ては之を得る人は甚だ稀であつて殆んご九牛の一毛こも云ふべき有樣である。これ何れもその修養に多大の努力こ時間こを要し、此複雜なる繁劇なる社會に處し、生存競爭の巷に立つて事をしやうと云ふ一般の者にその實行は六ケ敷い。然るに耳根圓通法は世のそれらと異なつて僅少なる時間と簡單なる方法を以て得たる結果を直ちに實社會に立つて應用し、業務に、勉學に、勞働に人一倍の精力を注ぎ得べき、積極的、實用的の活人術である。而して從來の修養法はすべて腹部の修行法であつて、佛敎の所謂六識の小乘法であるが、本法は腦部の清淨を圖つて病根を斷滅する八識大乘修行法である。世の修養に志あるの士、健康の歡樂に回らんとする人は一顧を耳根圓通法の上に投ぜられん事を切に顧念して止まない次第である。

第三章　耳根圓通法の沿革

第一節　釋迦と耳根圓通法

耳根圓通法は、我師原田玄龍師が五十年間の實驗によりて確證せられた前賢未發古今獨步の修行法であつて、疑惑の心を廢して實踐躬行すれば、無明煩惱を解脱し、獨り六塵の外に超脱するのみならず、其の身體は無病强健となり、大安樂の境界に到る事が出來る。

耳根圓通法は、大聖釋迦が、その終に於て大乘の教として説かれた、楞嚴經《リヨウゴンキヤウ》中に詳しく出てゐる。即ち「佛圓通ヲ問フ、我耳門圓照三昧ニ從ツテ、緣心自在ニシテ流相ヲ入《カヘ》スニ因ツテ三摩提ヲ得テ菩提ヲ成就ス、斯ヲ第一トナス」とある。この明々白々の文句を三千年來和漢幾百万の僧侶が空理空論かの如く見做して一人も之を實地に驗證したものゝ無いのは不思議である、僧侶のみならず、學者にも、醫者にも、養生家にもこれを闡明した者は絶えてないのである。釋迦は經中に後世佛教衰退の時期に方りてこの方法が俗人によつて唱導せられ、大に世を益すること豫言してゐるが、明治の聖代に至つて原坦山翁が心識論を首唱し、原田老師が實地にこれを修得してその効を確證し、又予が師より傳燈を受けてこれを社會に發表する事となつたのである。

第二節　原坦山翁

原坦山の名は或は始めて之れを耳にする人もあるであらうが、禪界に於ては恐らくその名を知らぬ者はなからう。

翁の名は良作、平藩士より出でゝ昌平黌に學び、兼ねて醫術を修め、夙にその非凡の才を認められて居た。一日京璨和尚に會ひ、互に道論を試みた。辯難數次の後、負けたる者は勝ちたる者の弟子になるといふ約束をして盛に議論を始めたが、遂に坦山翁は言ひつめられ、剃髮をして佛門に入り、大阪に出でゝ專ら風外老人に就いて修行した。その名叢林に普く、明治十二年始めて帝大に印度哲學の講座を設けらるゝに際し、當時の總長加藤弘之博士の招聘を受けて同科の講師となり、尋で學士會の會員に列せられた。當時知名の士にして翁について道を問ひし者少くない、前島密・中島信行・鳥尾小彌太を始め大内靑巒の道俗數千人に及んだ。井上哲次郎・澤柳政太郎・三宅雄次郎・井上圓了・嘉納治五郎・棚橋一郎・岡田良平・建部遯吾氏等の碩學博士等も當時大學々生として翁の講說を聽き佛典研究の端緒を得た者である。かくて明治二十五年七月、翁は突然床に就かれたので、門人は心配して六人の醫師を迎へたが何れも病徴を認めないとの事であつた。翁は自ら筆を執つて「老衲即刻臨終、敢テ報ズ」と端書を以て知人に報じて翌日七十四歳を以て遷化せられた。翁は常に「予は病氣では死なぬ。死ぬ時には知らして遣る。」と言ふて居られた。果して其豫言の通り、何等の病氣もなく、死期を報告して遷化せられた。その時は恰も暑中であつたにも拘らず死後數日を經てもその遺骸は端然として少しも變らなかつたのには人皆その修行の積んで居たのに感嘆した。又最後に燒け方が潔いのに隱防もこの人は凡人でないと敬仰の念を起したと云ふ。

翁は未だその修行の最中、一日京師に於て小森某なる者に會つた、そして心の所在に就いて討論したが、翁は佛法の教より胸にありと主張し某は西洋醫學の實驗實究より心は腦にありと言ひ、遂に翁は說伏せられて了つた。茲に於て翁は成程佛教の說く所のものは證據の擧つたもので無いから空論である。かくては佛々祖々が數千年來辛苦せられたる所の確說も遂に西洋學說の爲めに壓倒せられて哀れ衰亡に歸するであらう。何うかして之を實驗的に研究しなければならぬこ斯う考へた。かくて翁は萬死を期して他の誹謗を顧みず、從來の學說に批判を試み、經論を再審し、工夫を精覈する事數十年遂に實驗確證の學說を創見し、無明論、心識論、腦脊異論、惑病同體論を著した。

釋迦が八万四千の法門を立てゝ横論縱說佛道を說いたのは人間の煩惱こ疾病こを絶たしむる大慈悲心である。而して佛はその終りに於て大乘最高の教こして楞嚴經を說かれた。

翁は八識心王(腦部)の修行中、人體には其楞嚴經に說かれた陀那粘液なるものがあつて、それが惑病の源因なる事を認め、それを清淨ならしめんが爲め、胸腹部から腦項へ定力を注いだが、その定力には無理があつたので、明治十六年腦項接續を斷じて病氣を起した。然し少しの藥物をも用ゐずして病苦は除却する事を得たが、腦こ脊髓この接續は元の如くならなかつた。翁はかく無明の本體を認め、惑病同體を覺つたが、惜むらくはその退治の方法を誤つて居たのである。これは後ちに於て詳述する積りであるが、兎に角、釋迦が楞嚴經に說いた事を身自ら行つてその獨斷的臆說にあらざる事を實驗せられたるは千古の偉業こして感謝せねばならぬ。これがやがて原田玄龍師の耳根圓通法さなるのである。

第三節　原田玄龍師

原田玄龍師は、富山縣の人、十四歲の時佛緣ありて出家せられて曹洞の門に入り、悟道に就いて諸の智識に參じ、坐禪公案に餘念なかつた。然るに慶應三年九月原坦山翁の博學にしてその所說は全く他の智識と異なり悉く實驗に出づる事を聞き、直ちに翁の許に馳せて隨身し、その敎に從つて修行してゐた。偶々明治二年の夏坦山翁の楞嚴經の講義を聽き、その耳根圓通の卷に「初メ聞中ニ於テ流ヲ入ヘシ、所ヲ亡ズ、所入既ニ寂ナレバ、動靜ノ二相了然トシテ生ゼズ」の句に及び深く心念に感じ、從來の參禪を廢し、專ら定力を耳根に用ふる事三十餘日にして後腦より前腦に陀那の返流をなし得て腦中瀾然として無塵の如く「動靜の二相了然として生せず」の境に達し歡喜に堪えずして眠らざる事七晝夜に及んだと云ふ。爾來今日まで五十餘年の久しき間、これを自ら實究するに、身心益々壯健にして一回だも病氣なく、昨年八十歲に達して識力は益々明

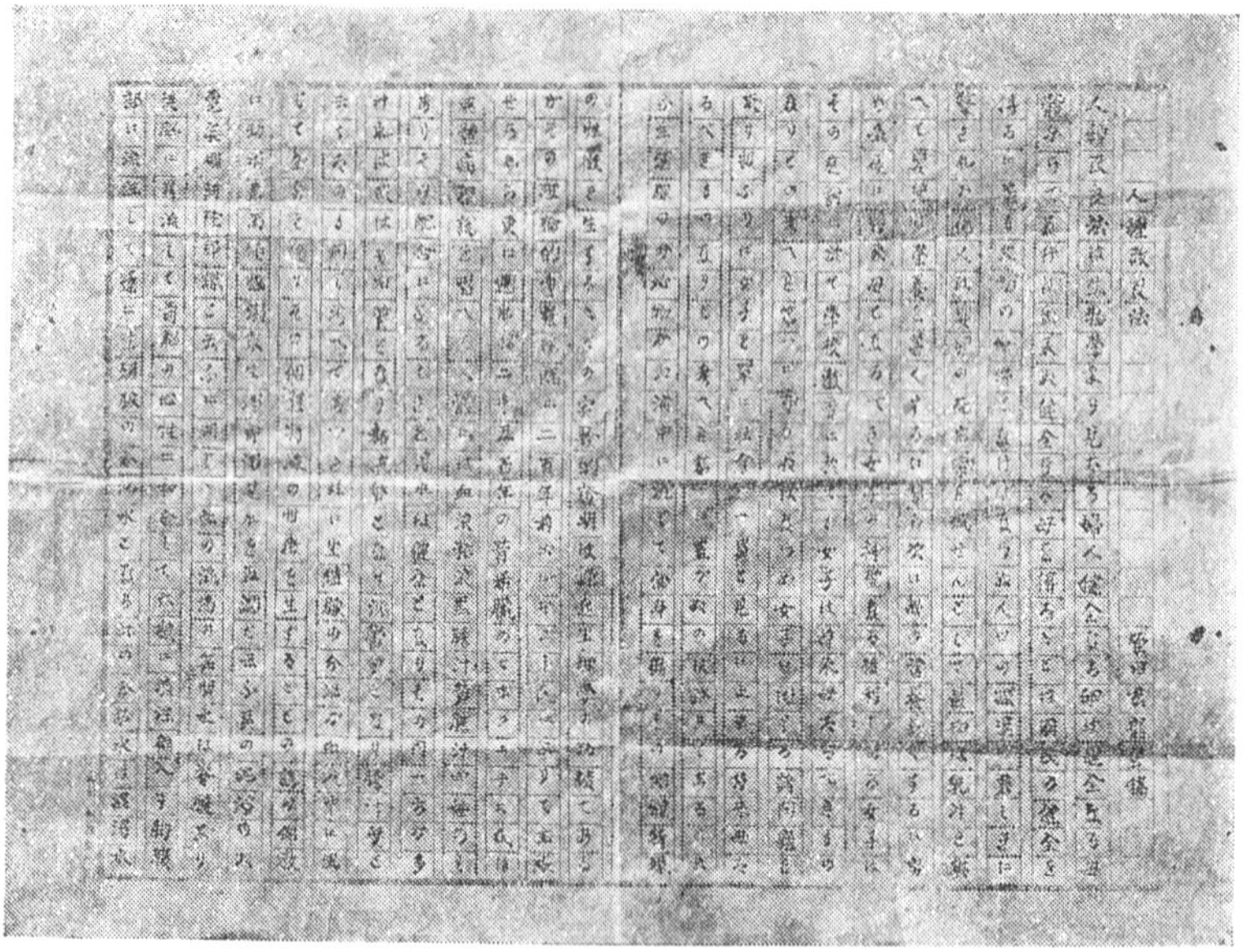

原田老師筆蹟

敏を加へ、心機活達老眼に眼鏡を藉らずして新聞紙を閲みし、筆を執つて細字を寫すの元氣である。

師は前述の如く楞嚴經中の文句に潤然悟入して耳根より定力を用ゐて惑病の根源たる陀那を清淨ならしむる事を發見した。これ耳根圓通法であつて、坦山翁の如く胸腹部よりするものでないから毫も疾病を惹起する憂なく、この法に熟達するに隨ひ、體軀四肢の隨所に定力を込めて停滯する、陀、那、を、驅、逐、す、る、事、が、出、來、る。耳根圓通法は古今未曾有の發見であるから、師は八十歳までは身自ら實地に確證せねばならぬこて、求め來たる者には敎授せられたけれごも、廣く天下に是れを發表する事を憚つてゐた。所が昨年時期到來し、公表の希望を有する折柄、不思議なる因縁によりて予に傳燈を授けらるゝ事になつた。これより少しくその間の消息を述べて以て予の立場を明かにしやうこ思ふ。

予は愛媛縣の生れで生來病弱であつたが、十八歳にして不幸肺患に罹り。廣島病院に在る事二ケ年半、遂に死の宣告を受けたが、玆に意大に決する所あり、鄕里に歸り、遍乘院に閑居して參禪に努め、壹年餘にしてさしもの大患も全癒するに至つた。後卅三年彼の南淸の志士、孫逸仙・康有爲等こ共に大に計畫する所あつたが、その業遂に失敗に終りたれば、爾來精神的に國家の爲めに盡さんと欲し、明治三十八年心靈哲學會を德島市に起し。身心强健法を唱導した。それより神戸に出で支那人專門の心靈療法を試むる事千有餘名。三十九年八月松江市に來り爾來十餘年間此の地に止つて專ら心靈療法を以て些か世人の煩悶と疾病の救濟に努力してゐる。

予は明治三十八年以來、玄龍師に就いて耳根圓通法を研究し耳根の定力に心がげたが、どうも思ふ樣にならなかつた。所が先年或る靈山に登り一夜山中の深谷に在る觀音堂に結跏趺坐して翌朝下山の途次忽然として悟入し、歸宅後更に耳根に定力を用ゐしに、數年來學んで得なかつた耳根圓通に就て悟了する所あり思はず欣喜雀躍した。そこで予は直ちに之を玄龍師に報告した、師は非常に喜んで大正五年十二月十五日、二百餘里の遠路を茨城縣より單身松江市に予を訪はれ、予が十有餘年の工夫を印可證明せられ且つこれより天下に宣傳を一任せらるゝに至つた。

玆に於てこの前代未聞の修養法を社會に發表するの機を得、我が心靈哲學會に照眞道場を設けて實參の士に教授し、直參し難き人の爲に、本祕錄を以て實究の便に供する事としたのである。

第四章　楞嚴經と耳根圓通法

第一節　曹洞宗に誤認せられたる楞嚴經

楞嚴經は前述の如く釋迦が其終に於て説かれた大乘の敎であつて鞏固なる眞理に基き周備せる敎訓を示して、眞を盡し善を究めたものである。而して耳根圓通法は、楞嚴經中の寶典であるにも拘らず、從來曹洞宗にては楞嚴經を外道の如くに稱して、古來からこれを讀む可からざるものとしてゐた、予は今少しく述べて彼等の誤認を解かうと思ふ。

曹洞の肇祖承陽大師は、「永平廣錄」に楞嚴・圓覺ノ教典ヲ見ル勿レ」と示したが、之を文字の上より見ればこの經を讀む可からずとの意なることは勿論であるが、これには別途の意趣ありて、唯單にこの經の看讀を禁じたものと思ふのは大なる誤である。元來楞嚴經は、二十五菩薩の圓通を說いたもので禪とは少からざる干繋ある經文であるが、後世支那に於て宗・元・明の頃、或る一部の禪學者がこれを偏重し、楞嚴・圓覺を以て禪の所依の經典の如くして大に禪風に病弊を生じたが故に其弊を除かんが爲めに、承陽大師はこの經を制止したもので、一片の老婆心から斯く教へられたものである。然るに後世凡庸の徒、洞門の士はこの經讀むべからず、小乘一途のみ用ふる所なりなど〻唱ふに至つたのは、甚だしき謬見と言はねばならぬ。楞嚴經は大乘中の大乘經であるから、此等の誤解に惑されざるを必要とする。

現に大師自身に於いては、盛にこの經を看誦し、且つその遺書中にもこの經文を引用してゐる、卽ち「學道用心集」の中に、「動靜ノ二相了然トシテ生ゼズ」又「觀音流レヲ入シテ所知ヲ亡ズ」とあるのも、是れ楞嚴經中の文字であつて、又「正法眼藏」の轉法輪の巻にも楞嚴經にある「一人眞ヲ發シテ源ニ歸スレバ、十方虛空、悉皆消殞ス」と見えてゐる。

又曹洞宗の人の中には、楞嚴經は後世の僞作なりと稱するものもあるが、今假りに該經が僞作なりとすれば、承陽大師は何故に此の經を著書中に引用せられたのであらうか。加之曹洞宗の儀式法會には、必ず楞嚴經中の神咒を誦讀するは甚だしき矛盾ではないか。

第二節　本法と楞嚴經

楞嚴經は釋迦が說かれた大乘佛典であるが、その楞嚴會上二十五圓通の中に於て、この耳根圓通を說示せられたのである。由來佛法には六根六識に就いて種々なる法門あれども、この耳根圓通法は最高級に位するもので本法に關する論據は、皆悉くこの經より出づるものである。今左に經中より重要なる章句を摘載せん。曰く

「觀世音菩薩ハ即チ座ヨリ起《タ》チ、佛足ヲ頂禮シテ而モ佛ニ白《マヲ》シテ言《マヲ》サク、「世尊、我昔ノ無《ム》數恒河沙《シウガウガシヤ》劫《ゴフ》ヲ憶念スルニ、時ニ於テ佛世ニ出現シタマウコト有リ、觀世音ト名ク、我彼ノ佛(ノ所)ニ於テ菩提心ヲ發セリ、彼ノ佛我ニ敎ヘテ、聞思修ヨリ三摩地ニ入ラシム、初メ聞《モン》ノ中ニ於テ流ヲ入《カヘ》シテ所ヲ亡ズ所入既ニ寂ナレバ、動靜ノ二相了然ト

シテ生ゼズ」。

「佛圓通ヲ問ヒタマウ、我耳門、圓照三昧ニ從ツテ緣心自在ニシテ流《ル》相《ソウ》ヲ入《カヘ》スニ因ツテ、三摩提ヲ得テ菩提ヲ成就ス、斯ヲ第一ト爲ス」、

「我カ得ル所ノ圓通ノ本根ハ、妙耳《ニ》ノ門ヨリ發シテ、然シテ後ニ身心微妙ニ含容シ、法界ニ周徧スルニ由ツテ、能ク衆生ヲシテ我カ名號ヲ持タンモノト」。

「阿難、佛ニ白シテ言サク「世尊、云《イ》何《カン》ガ流ヲ逆《ガヘ》シテ深ク一門ニ入リ、能ク六根ヲシテ一時ニ清淨ナラシメン」。

「但、一門ニ於テ深ク入ラシメン《イ》、一ニ入ツテ妄ナケレバ、彼ノ六知根一時ニ清淨ナリ」と。此の「聞ノ中ニ於テ流ヲ入ス」と云ひ、「耳門圓照三昧」と云ふは、即ち耳根に定力を用ひ、陀那の流注を返入するを云ふのである。耳門圓照の三昧は法華經に「唯ダ獨リ自ラ明瞭ニシテ餘人ノ見ザルノ所ナリ」と云へるが如く、其寶藏は自己の腦頂にあるのである。

第二編　耳根圓通法の原理

第一章　心識と楞嚴經

古來東西の聖賢英傑と稱せらるゝ人の所說も近世科學の突擊に逢ひ、單に思想の量計に出でゝ實理實驗の効なきものは、遂に廢棄せられて痕跡を絕するに至るものも少くない。而して心識の本體を實究するには佛教に優るものなく、釋迦の教に一心二種の本源（清濁迷悟）を說き、人心の至妙樂地に至るに最勝の方法たる定力《ヂヤウリキ》（金剛定楞嚴定）を以て之を確證せられる。其方法は未だ他の聖賢の說かざる所である。楞嚴經に曰く、

「佛ノ言ハク「善イ哉、阿難ヨ、汝等當ニ知ルベシ、一切衆生無始ヨリ來《コノ》カタ、生死相續スルコトハ皆ナ常住ノ眞心、性淨明ノ體ヲ知ラズシテ、諸ノ妄想ヲ用ウルニ由レリ、此

想ハ眞ナラズ、故ニ輪轉アリ」。

「佛、阿難ニ告ゲタマハク「一切衆生ハ無始ヨリ來《コノカ》タ、種々ニ顚倒シテ業種ノ自然ナルコト惡叉聚ノ如シ、諸ノ修行ノ人ノ無上菩提ヲ成スルコト得ルコト能ハズシテ、乃至別レテ聲聞緣覺トナリ、及ビ外道・諸天・魔王、及ビ魔ノ眷屬トナレルハ、皆二種ノ根本ヲ知ラズシテ錯亂シテ修習スルニ由ル」。

「云何《イカ》ナルヲカ二種トセン、阿難ヨ、一ニハ無始生死ノ根本ナリ、即チ汝ガ今諸ノ衆生ト與ニ、攀緣ノ心ヲ用ヰテ自性トスル者ナリ、二ニハ無始ノ菩提涅槃元清淨ノ體ナリ。即チ汝カ今識精元明ヨリ能ク諸緣ヲ生ジテ、緣ヲ遺《ウシナ》ヒタル者ナリ、諸ノ衆生ノ此本明ヲ遺《ウシナ》ヘルニ由リテ、終日行スト雖モ、而モ自覺セズシテ枉《マ》ゲテ諸趣ニ入ル」。

「色ト心ト諸緣及ビ心所使ト諸ノ諸緣ノ法トハ、唯心ノ所現ナリト、汝カ身ト汝カ心トハ、皆是レ妙明ノ眞精・妙心ノ中ノ所現ノ物ナリ、云何《イカン》ゾ汝等、本妙圓妙ノ明心・寶明ノ妙性ヲ遺失シテ悟中ノ迷ヲ認ムルヤ、晦昧ニシテ空トナリ、空ト晦トノ暗中ニ暗ヲ結ンデ色ト爲ス、色妄想ニ雜ツテ、想ノ相《アラハ》レタルヲ身トナシ、緣ヲ聚《アツ》メテ內ニ搖キ、外ニ趣イテ奔逸ス、昏《クラ》クシテ擾々タル相ノ心性ト以爲《オモ》ヘリ、一タビ迷フテ心ト爲《ナ》レバ、決定シテ惑フテ(我カ心)色身ノ内(ニ在リ)ト爲《ヲモ》ヘリ」。

と。其本源二種の心法とは、所謂一心に淨穢の別ありて、淨とは常住眞心性淨明體と云ひ、又無始菩提涅槃元清淨體、本妙圓妙心寶明妙性と稱し、又眞如、佛性と云ひ、其名義異なると雖も皆な同體異義である。是れ心性の實體にして靈覺純智の性を指すので、濁とは妄想、攀緣、無始生死根本にして、妄識・亂想・憂慮・苦惱の情念にして識性といふ。此二種の心、庸人にありては、和合混濁して辨ずる能はず、故に此混濁の心を以て心の本體となすを釋迦之れを大覺し、其本原を分析開顯せられたりと雖も、爾來其の實說明瞭ならず、空しく名義のみを傳へて今日に至つたのであるが、坦山翁は此の見惑・思惑・煩惱障・所知障の實體を精究せらる。以下之れに就いて通俗平易に述べ樣と思ふ。

第二章　心識論

第一節　心識

獨逸のハルトマンは人類の特產物たる叡智は意識から生まれること言つて居るが、西洋の如何なる物質論者こ雖も、人間こして生活してゐる內は意識なるものを重んぜずには居られない。而して意識なるものは世の學者には吾人の所謂心識なるものこ混同視されて居るが、吾人の謂ふ心識は心理學にて云ふ意識の根源たる所の靈相物を謂ふのである。現代の心理學にては心の働きを「自我」から出發させて種々に區別をして居るけれども、要するに實在の寫象物であるこ考へてゐる。是れは極めて幼稚な思想である。

抑も心識は佛法にて最も詳細に攻究道破せられて居る。夫は心識萬法を生じ、萬法は心識に據るこして居るが、心識は所謂心靈徵象の總名で、之れを細別すれば其の名義は甚だ多い。佛敎にては先づ之を大別して一心を三義に分ち、過去を意こ名け、未來を心こ名け、現在を識こ名け、或は集起を名こ名け、思量を意こ名け、了別を識こ名くる等心意識の三義を根本こして他の諸心識の相こ用こを說き、而して所知を性こ爲し三義一切に通ず。又覺の義を立て、覺は本覺・始覺・佛性・如來藏等こし、又法の義を立て所謂法は法界・法性・眞如・涅槃等こし、又智の義を立て、智は般若・菩提・無師智・自然智・自覺性智等こし、又身の義を立て、身は法身、報身、應身、化身、十身等こなす等、此外染淨の緣に隨つて十方界を分つ等論中種々の論あるも、これ皆心識無限の相用を細說したるもので、其實は一體である。

第二節　心識の本體

此所に心識の所在を説き、其の心源支流の依る所を示したのは、物質と心識とを別體に見て、心識は物質の或る部分に據ると謂ふではない。心が官能から受ける知覺作用は物質組織の或る部分に於て、其作用特に顯著であるといふにあるのだ。而して其最も顯著なる部分を心源と名け、他の部分を支流とする。抑も人身は何れの部分も心の所在ならざるはない。物的作用の下には必ず心的作用があり、心的作用の下には必ず物的作用がある。而して之を心の方面より説かは萬法唯心と爲り、物の方面より之を論ぜば諸心唯物となる。故に物其物が即ち心で心其物が即ち物なりと言ふも不可なく、又心を離れて物なく、物を離れて心なしともいふことも得る而して心と物とは一つではない。又二つでもない。身心不二、不二身心である。これはスビノザー氏も説いてをる。只本論は覺知作用顯現の多少によりて且く源支を立つるのだ。故に一元を差別して三心と說くも、此三心の外、復た他に別の物質あることを說かぬ。物質も亦心の名に依つて之を說明する。或は又物の名に依つて心を說明するも可い。名は畢竟體の代詞である。今は心の作用を說くを主とするが故に、一切を心識に攝つたのに過ぎぬ。本論固より心常相滅の說ではない。

第三節　心識の所在

吾人の靈妙なる精神卽ち心識の本源は、頭骨の內腔を充たせる神經組織より成る腦であつて、大腦(前腦)と小腦(後腦)の二部分に分たれてをる。大腦の表面には縱橫に蜿曲せる複雜なる凸凹あり、表面の部を灰白質といひ、內部を白質といふ。前者は主に神經細胞の塊りで、後者は主に神經纖維の集合である。大腦は思考、記憶、判斷等、總べて高尚なる精神作用を司る所である。小腦は大腦の下部に位する部分で、矢張り外面は灰白質より成り、內部は白質より成つてゐる。小腦の作用は全身の運動を調和し、又各筋肉の收縮をして互に相矛盾なからしめその平衡を保つにある、而して腦の下面より十二對の神經分岐して全身に瀰蔓して各特殊の感覺を司つてをる。これを腦神經といふのであるが、是れは躰形的に說いたので、心象的にいふ時は、覺心、不覺心、和合心の三つとする。

一、覺心

覺心の名は相對を意味すれども、今いふ所の覺は所謂迷に對する「悟」ではない。不覺に對する覺心で絕對の本體を稱す。即ち諸經論にいふ所の本覺であつて始覺ではない。此心を稱して堅實心と稱し、其體は法相にして無始無終である。故に生でもなく死でもない。

其靜なるときには靈妙にして寂照、明鏡止水の如くであるが、其動なるときは知覺分別、事物に隨ひ感應を發し、識智や思想の應變極りなく自由である。聖哲は此心を明らめて清淨なる法身を得たが凡庸人は此明鏡止水の心を覆ふて物慾に汚染をする。故に此の心が不覺心混入すれば、無明煩惱を生じ、心障即ち迷を離るれば喜樂大悟の境を得るのである。世人は多く心識の本性を知らず、只心相(相對的意識)を認めて以て其本性とするから、却て悟境の喜樂を得る事が難かしい。さて此覺心は心識の本源にして、前述の如く大腦にある。而して其支流は九個の對に分派してゐる。其の九對とは一對の支流が鼻根に入つて嗅覺を起し、二三四對及び六對は眼根に入つて視覺を起し、五對は數支に分れて頬面に散布し、七對は耳根に入つて聽覺を起し、八對は是れも數支に分れて胸・腹・肺・胃等に入り、九對は舌根に入つて味覺を起すのである、又筋肉・皮膚及び四肢の末に至つて、知覺の作用をなすものであるが、皆此心の支流である。

今日の醫學では、腦神經及び脊髓神經等、所謂神經全系の說は精密に說いてあるけれど、醫學はもと動物試驗や、死體解剖に依るもので、只推測の判定に過ぎないから、心識の本體本性の如きは未だ不明とされて居る。卽ち心識の本性を知らずして、單に心相を認めて其の本性と爲すのみである。故に只其和合の心根に執着して未だ覺、不覺の實體及び迷悟の本性を知らないのである。

二、不覺心

覺心は吾人の身體の上に顯現する所の心性に就いて云ひ、不覺心は吾人の心性が依止する所の身性に就いていふのである。語を換へて言へば、覺は無形の心體にして不覺は有形の體なり、古哲の言に「濕性不變の水無くんば、何ぞ虚妄假相の波あらん若し淨明不變の鏡なくんば、何ぞ種々虚假の影あらん」と。この濕性不變の水とは、無眼界卽ち宇宙の大心靈を稱し、又淨明不變の鏡とは、卽ち覺心の妙體をいふのである。而して虚妄假相の波とは不覺心たる物象をいひ、種々虚假の影とは和合心たる無明を云ふのである。

不覺心の本源は、後腦(小腦)及び脊腰にありて本幹左右共三十一對にして、更らに是れより分條し無數に纏綿羅織して身體を集造し、相互に其闕損を補益して、形體を維持生存せしめ、身體營養の本を構造する。

醫學にては、脊髓を以て腦髓の末梢とし、或は腦髓と同性同用のものとして居る。然れども佛說の方ではさう認めない。卽ち腦髓と脊髓とは全くその性質及び各其作用を異にして、不覺心は集質造形の心で其本體は覺知を具備せざるものとし之を阿陀那識といふて居る。

三、和合心

和合心は內相外相の二相がある。其外相は念想情慮の心で是れが身體周圍の外境と相應じて種々なる業相を造る。而して其內相は煩悶・惱動・順逆等の內的形境に對して、憎愛・愁憂・怖畏・瞋婬等の想を起すのである。この和合心は本來が生滅性にして自體なく、覺心が不覺心と混淆して是れを構成するのである。故に和合心と名けたので、其不覺の粘液が流動して五感の心源に浸入する時、覺心の全體が皆生滅の相となるのである。

而して又至妙清淨の覺心は、所謂本體の活動にして、其本源を吾人の腦髓組織の上に發現し、その支流は全身に瀰蔓して專ら覺知分辨應動識智の妙用を顯し、又不覺心はその根幹を吾人の後腦及び脊腰の部所に有し、その枝葉亦全身に纒羅して、專ら滋養及び生殖を營む可き原動力となるので、覺と不覺の二者が、吾人の腦底に混淆した場合に、一種の和合心なるものを構成し、この心が緣慮念想の作用を起して、過去・現在・未來の三界の諸幻想を現すのである。故に不覺心が流動して覺源に浸入すれば、細やかなる場合には之を無明と名け、麁なる場合には之を煩惱と稱するのである。

無明の語は、一切の煩惱の本體にして身心の明智妙用を絶滅せしむる故に之を稱す。經に曰く「無明藏ヨリ十三煩惱(七見六著)ヲ起シ、一切ノ煩惱ハ十三ヲ以テ本ト爲シ、無明爲ニ十三ノ本ヲ作ル」と。其他無明は『見惑思惑』『煩惱苦集』『五蓋』などゝも稱せらる。

又覺心が不覺の混入を受くれば、細にして腦底に在るごき之を第八阿頼耶識ご名け、麁にして胸腹に在るごき、之れを第七末那識又は第六意識の稱を得てゐる。其所在に依つて斯く名稱を異にすご雖も、その實は體性不二であつて同じものである。而して人若し此和合心を消盡して渾然として一となれば至妙清淨の覺心は其本性に立戻り、無明卽ち佛性となり、形體營養の不覺心はその本體に歸復して煩惱卽ち菩提となるのである。古歌に

澁柿の澁こそ好けれ其儘に
　　變らでかはる柿の甘さよ、

ご。此に始めて三賢十聖の妙境界を獲得することが出來る。是れを約言すれば、不覺なる脊腰の陀那が昇流して覺心源府の腦部に入り、和合して混濁性となり、佛法の謂ゆる緣慮心なるものを構成

し、是れが全身に流派して諸種變幻惱動の作用を起す是れ和合心の性相である。

彼の多くの世人が精神と稱するは、精神そのものゝ本體でなく、その陰影なる緣慮心の妄心(即ちこの和合心)の幻相を稱するのである。

和合心は元來別體はない、その名の示す如く覺と不覺と結合してその心を成すのである。古歌に

引寄せて結べば柴の庵なり
解くれば元の野原なりけり

と。明皎々たる眞如の月は、千草の葉每の露までもその影を宿すのである。故に菩薩未だ成佛せざる時は、菩提も煩惱と見做され、已に成佛すれば、煩惱も菩提と爲る。たゞ引寄せて結ぶ所の意識の姿

に迷ふ者を名けて凡夫と云ひ、諦めて省みざる者を呼んで二乘といひ、凡て三賢十聖、皆迷境を牽ゐて眞淨界に達する。實に之れたゞ覺と不覺の離合聚散の異名に外ならぬ。

第四節　一心の染淨

金剛般若經の「應ニ住スル所ナク、而シテ其ノ心ヲ生ズベシ」とは卽ち非思量の境地に在つて湛然たる淨心を保てといふ意である。其住すといふは、卽ち心が不覺の腦底に滯住するとき覺源を混淆して諸種の妄念を起す、是れぞ所住といふのであるが、此所住なくして生ずる心、この心卽ち是れ至妙淸淨の覺心である。和合心は元來自體なるもの無く、暫らく和合して此心を成すのである。若し旣に之が消絕の身心ならば、卽ち已に得道の人にして求心不可得でない。先哲の安心立命の機要は實に皆此に在るのである。然るに古來より未だ覺源が脳に在つて不覺・上流・混濁等の顯説なく只或は「煩惱卽菩提」かと「生死卽涅槃」とかいふのみで、茫洋として謎の如く、後世の人も其言句に迷はされて却て悟りに迂なるものが多い。

又法華經に「集ハ眞ニ是レ因ナリ、更ニ異因ナシ」とあるが集とは何をいふかといふに、不覺陀那の流動して脳底の覺源に浸入し、混淆集結して無明を薫起することと、恰も豆汁が鹽汁に和して豆腐と爲り、清水の塵土に合して泥濁と爲る樣なもので之を集といふ。而してこの集が流派して種々の苦想を起し、無量の煩惱を現し、三界の相を變幻するので、集は實に因であつて更に異因はない。而して若しその集因が絶滅すれば、則ち苦悶悪果も從て絶滅する。滅苦の道は實に是れ眞道である。

要するに清淨純覺の現顯は、卽ち三賢十聖の淨妙界で、不覺混濁の心念は、即ち六凡四生の境界である。凡愚も聖哲も元來同一不二の體性で、たゞ一心の染淨如何の差に生ずるものである。故に人はこの混濁和合の心念を斷滅せねばならぬが、その斷滅の工夫と斷滅の實行は、即ち耳根圓通法である。

第三章 無明論

第一節 無明の本體

無明とは、迷ひと悟りの分際を究明する根本問題である。佛教の諸經論は皆無明を以て生死・流轉の源因となし、是れを斷じ盡して眞淨界に入るものとして居る。

然るに人としてこの無明の本源を知るは、たゞ佛・如來の境涯に達したもののみ能くするを得るものとして、馬鳴・龍樹菩薩の如きも未だ曾て是れを說かず、古聖先哲亦是れを各人の自悟自證に得せしめんとするの意を漏して、無明の實證卽ち佛性、煩惱卽ち菩提と謂ふのみである。この說は稍く當を得たものであるけれども未だ以てその眞相を道破するには足らぬ、後世流行の盲修暗證の禪や、耳口名義の佛敎はこの無明の本體に就いては、唯々葉を摘み枝を尋ぬるのみで、毫もその本幹に達せぬ、獨り明治に至り、原坦山翁のみ之を說いたばかりで、翁は是れを精究實驗して無明の本體を明かにするに至つたのは實に偉大なることである。

抑も無明は靜識（坦山翁は動識と稱するもその實靜識なり）の根體にして、經論にいふ緣慮心である。而して此心は自體あるに非らずして、覺省すれば終に滅盡する。而してその起因の何れにあるかを審細に說示するものは翁の心識論である。今無明論に就いては無明そのものが人心諸惑の根源たる事を究明し、心識論の前掲として説かうと思ふ。

第二節　無明の相及び住地

無明の實相は靜識の根本體である。その始め身心の二元を形造するや、各人の業縁に隨つて凝結化合するので、身心二元の成分は本來凡聖不二である。意識上に現はるゝに及べば善と爲り惡となり、その相形異なると雖も、その本體は變ずるものではない。其惑體は粘液であつて常に或る局所に滯住して積結し勝ちな物であるから、身體に滯結する所に即ち疾病を起し、心裡に積聚すれば則ち惑障を現ずる。彼の恰も飲食の性能く人を養ふも、聚滯すれば害を生ずるに等しい。

又無明なるものはその靜なるときは隱乎として測り難く、常に頭腦顏面胸窩の際に潜伏し、その動なるときは制し難く、妄迷諸惑の相を發するが、その、實、體、は、物、質(卽ち陀那)にして、これが動靜聚散の狀態を知らんには所謂陀那返流を以て明かにすることを得るものである。

第四章　腦脊異性論

坦山翁は萬死を顧みずして、心識の研究をなすこと五十年、終に腦項接續を截斷して確證を得、之を腦脊異性論と云ふた。

既に述べたる如く吾人の精神卽ち心識は前腦に在り。而して身體營養の機能は後腦及び脊腰に在りて、其心神と生力の二者各々性を異にすとの實驗は、古來世の學者の是れを研究したる人が無い。故に此二者を混說して世人皆其體性を誤るのである。翁の說に曰く、

「佛教の説に心識三種の別あり、一は靈覺・淨智の眞心、二は集造執持の心體、三は念想思量の情識なりと。この理に依つて觀察すれば、現今醫家の説に一大錯誤がある。醫學が頭腦を以て心識の本源となすは、確論なれど脊髓を以て腦と同性同用となすは非である。

蓋し頭腦は心識の本源にして九對の筋を起し、聞見・覺知・應動・記憶の妙用を具備し、脊髓は集造執持の心體で、覺知を具有せず、三十一對の支流を釀起して、全身の生養補益を司つて居る、この腦筋と脊髓とが全身を羅織して、錯糾混合するが故に、區分し難いのであるが、腦より起る所の九對の筋は脊髓液、腦中に流入して居る。故に佛教には是れを和合識と名けてゐる。この識が通身に偏行する故に、凡人の身體に純覺淨智がない。故に佛教はこれを截斷して念想思量の心識を滅盡する時は、純覺眞心の體が顯現する。その截斷の法は即ち定力を以てするのである。

涅槃經に曰く「無明滅スルガ故ニ、動相卽チ滅ス、心體滅ニ非ズ、」と。また起信論に「一念相應ノ慧ヲ以テ頓ニ無明根ヲ拔ク、」とある。腦に昇流する所の脊髓の陀那を定力を以て後腦に於て淸淨淘汰せば、和合識をなすべき陀那は、本來固有の機能たる身體營養の本務をなし、且筋肉發育の作用をなすものである。

凡そ腦中に流入する所の脊髓液は腦氣と和合して、體内の諸部に流行するもので、その癈液を泄除して滯碍なき時は、健康無恙の身體を得。若し通身に滯碍するものにして一時に發動すれば、熱病となり、その勢稍く弱なれば瘧疾となり腦中に滯碍すれば頭痛を起し、胸腹に滯結すれば疝癪となり、肺中に滯塞すれば肺痨となり、脚部に滯塞すれば脚氣となる。是れ同因にしてその部所に隨つて異相を現ずるものである。

西洋生理の學說は二千年來解剖究理の實驗を以て立つた所であるから、今たゞ佛敎內觀の說によつて之れを打破せんとせば、恐らくは今人信ずる者も無からうけれども、玆に實驗親證、數件を擧げて之を破らう。

予は初め定力に由つて腹部の心識を斷ずる時は、頭部·胸腔·心窩の部は暴漲滿溢を覺え、胸部の心識を斷ずる時、胸腹の部は空淨にして頭部は暴漲し、腦部の心識を斷ずる時。頭部胸腹の部は皆空淨にして後腦及び脊髓液流行の部は暴漲を覺えた。これ一證なり。又腦項接續を斷ずる時、腦胸腹部は念想思量皆空淨になる。若し脊髓が果して腦の同體支末ならば、九對の部は皆暴漲する筈であるが、事實は之れに反してゐる。これ二證である。夫れ腦項の接續を斷ずとは精妙如實の觀智と勇猛剛强の定力とに由つて、項脊より腦髓に蔓延するの筋が脫然として拔出するのである。然るに脊腰は毫釐も動搖せずして腦に輸送する所の脊髓液が拔轉して別所に流行するのみだ。是れ卽ち執持の心識は脊腰を根源とし、腦はその支末なる事明瞭である。然れども項脊より起りて腦中に蔓延するの筋は、一條二條の少數ではないから、悉く之れを拔出するは一大難事である。これを行ふに善師に逢はざれば、種々の心病を發することが多いであらう。若し脊髓は腦の支末ならば、その接路を截斷せば、三十一對の部が粘渴するであらう。然るにその接路を斷ずる時、脊髓液流行の部は一日皆煩悶を覺え、後却つて滋蔓肥壯を加ふ。これ三證である。

大凡、佛家心識の法義は至妙至精であるが、而も其部位を詳説せざるは一の缺點である。西洋の理學は皆實驗に出てをるけれども、只心識の一事に於てはその本末を誤つて居る。」

ご要するに脊髓の作用は總て身體の生養を司宰し、腦髓の精能はすべて知覺を司宰し、腦脊二者の本性は全く別異のものなりといふにあり。而れども、これを實際に辨識するは死體解剖上の臆測又は單一皮相なる動物試驗を以て成効すべきものでない。活ける人間が内觀の定力に由つて腦脊交涉の接路斷絕して遍身の妄識、即ち和合心を除盡したる結果に觀るにあらざれば、明かにし難い。坦山翁の研究實に五十年にして之れを斷絕除盡して餘りなきに至つたのであるが。而も翁は毫も生養を妨ぐる事なきのみならず體軀益々肥壯健康にして識力愈〻明敏を加へて心機活達牛飲斗酒を辭せず七十の老眼眼鏡を藉らず、意氣剛壯、而して末後の一段些かの病徴を見ずして衆醫を愕かしめ、最後の一句所謂「拙僧卽刻臨終致《テ》報《ズ》」の自裁はよく平常の持說を實證したものである。

旣に靈覺淨智の眞心は卽ち腦の王殿に住する所の心識にして集造執持の心體とは卽ち脊髓不覺の陀那で、是れが諸質の性粹を聚取して身體を構成し、又執持して壞爛に歸せざらしめる。是れ醫學の所謂生力なるものである。この生力を最も有効に支持する方法は耳根圓通法の外に斷じて他に良法は無いのである。

前記の脊髓陀那が身體諸機關を構成する事は、空漠たる思索上の產物で無く、既に科學で認められて居ることである。米國加州大學のロバートソンは實地硏究の結果「テセリン」と稱する腦腔內にある一種の物質を粘液體の前葉《アンチリオルロオブ》より游離させこの物質が人體の發育を支配左右する力の著しき事を證明した。この粘液體といふのは耳の附近の腦腔內に在る小さき赤灰色の物質である。從來の醫家はこの物の性能に就いて全く不明であつたものだ。この「テセリン」は單に人間の躰にのみ有用のものでなく、他の動物にも同じ性能力を有つものである事さへ判明した。坦山翁の持論の西洋科學と符節を合するが如き、又面白いではないか。

第三章　惑病同體論

吾人の身體は佛法の所謂色の一蘊にして、吾人の惑心は謂ゆる受想行識の四蘊である色蘊は是れを惑體と爲し、其不調を稱して病と云ひ、心蘊の和合を惑障といふ。而して惑體なるものは物象の上に顯現する所の心象であつて、心象の第一を受蘊と稱し、眼耳鼻舌觸の五感を受納す。而してその受納する所のもの丶上に於て取捨を分辨し、その取捨の上に苦樂、顚倒の作用を起すものを第二の想蘊と云ふ。想は思惟の義である。此所に迷惑を生じて終に妄想となる。妄は虛妄にして實なきものなれど、在るものとして心象に浮び、貪瞋・痴慢等に煩悶し、眠れば夢となりて執愛・憂悲に愁惱するもので、毫も常態なく、刹那に忽生し、刹那に滅却す。この生滅の心象を第三の行蘊と云ふ。行は遷變の義であるが、この行蘊は那裡より起るが、楞嚴經に、

「清淨本然何トシテカ山河、忽チ大地ヲ生ズ」

とある。忽生これを第四の識蘊と云ふ。識は受・想・行の根基になるもので、卽ち覺・不覺の和合より起る。前に言ふ如く細には無明と云ひ、麁には煩悶と云ひ、惑體の本源である。清淨本然の覺心・不覺無明

に依るが故に識の名を得た。而して識は差別を義とし、善·惡·無記の三性を具ふ。この三性の事は今敢て煩はしく論ぜず、只玆に注意すべきは世の禪客にして纔かにこの三性を透脫し、意は晴れたる秋の空の如く凉しく、心は虛空に等しくして、法界胸の中に在るが如く覺ゆる時、打成一片と云ひ、一色邊と唱へ、大死底の人と叫び、我は本來の面目を得たりとか、彼は本分の田地に到れりとか、又は佛に見え神に接せりとなし、釋迦來也三十捧、達磨來也洗足了等と盡天盡地に人無きの思ひをなすのである。斯くの如くなる時を識蘊といふ。楞嚴經に、

「湛入合湛ハ識ノ邊際ナリ」

と。古德之れを釋して「內に幽閑を守る處、賢聖を埋沒し了る」と言つてゐる。宋孺の所謂喜怒哀樂の未發の時にこの心象を見る。老子

の所謂虚極靜篤も亦唯く此中にあるので、設令ひ見聞覺知を絶滅して、内に幽閑を守るとも、猶これ法塵分辨の影事である。無始劫來生死の本、癡人は呼んで本來人と爲す。實に識蘊は生死の本源で惑體の根據なるを知らねばならぬ。楞嚴經に

「陀那ハ微《ミ》細《サイ》ノ識ナリ、習《ジツ》氣《ケ》暴《ボウ》流《ル》ス、」

と、その習氣とは卽ちこの識蘊にしてその暴流とは卽ち受想行の三蘊である。これを一心の四蘊と謂ふ。起信論に「三細六麁五意六染」を說くのも亦四蘊の詳釋に過ぎぬ。

要するに蘊體たる所謂無明は卽ち一種の陀那粘液にしてその質流動體であつて、且積結性で常に頭腦・胸臆の際に潜伏し、その動や忽焉として制し難く、遂に妄迷、諸惑の相を發す。喜怒哀樂の切なるときは煩悶惱屈して自在なる事能はず、これ不覺心の陀那が昇

流して腦の覺源に混入和合し、粘稠溷濁して釀起する所の者である。故に常に後腦に定力を以て攝引張弛し、之れを放ちてその適く所を視、之れを促へてその窮る所を察すれば、歷然としてその流注積結の状を知ることが出來る。

第一節　病源

醫學の所謂病源とは、眞の病源に非らずして、その病の發生を促す可き病縁たるに過ぎない。吾人の主唱する所の病源は、その內觸に在るものとするのである。而して外觸もまた發病の縁たる事がある。彼の外科の創傷、內科の中毒諸症、黴菌、寄生虫、寒暑の侵冐より起る症狀等は、皆外觸に依つて起る病症で、精神內觸に關係なきが如くなるも、詳しくその起因を精究すれば是等も亦內觸に原因する事實があつて、其外觸はこれが助縁に外ならぬのである。

吾人の身體には自然に疾病を防禦する所の機能を備へ血液中には白血球あり、血清ありて外部より侵來する黴菌を破壞する力を有してをる。そして血液の循環を司るものは心臟及び脈管であるけれども、之れを主宰するものは精神である。故に精神に異狀ある時は血液の循環に障碍を來すから、直ちに食慾食味に關し、又顔色等に變化を來すのは吾人の日常の實驗して知る所である。而して喜怒・羞恥等は皆精神の感動であつて、精神興奮すれば顔面に多量の血液集り、爲めに紅潮を呈し、又精神に恐怖・悲哀の念起れば顔面に貧血を來して蒼白色となる。斯の如く一顰一笑精神の感動は必ず身體に影響する。故に精神の作用其物は實に健康の礎因たると同時に、又萬病の本源なりと謂はねばならぬ。

人の疾病に罹るや、健全の身體が俄かに疾病を釀すのではない。

外觸の患害も、營養不良の結果若しくは憂鬱・恐怖・心氣の怠慢・貪婬・精神の弛緩等に起因したる侵襲に外ならぬ。天災地變等不慮の損傷は別として、一般に見る創傷も精神の內觸より來るので、世の中の負傷者の多數は横着や不注意に基いて居る。是れ即ち精神の弛緩・怠慢に原因すといふ可きである。

前述の如く、吾人の身體には自然に疾病を防禦すべき機能の備はるありて、黴菌の撲滅、創傷の防遏等皆天意の作用がある故に精神の作用さへ健全にして、疾病の原因となる可き憂鬱・恐怖・怠慢・貪婬・煩悶等の甚だしき變化なき以上、自ら健全の狀態にある可き筈のものである。人の精神作用は千態萬狀なりと雖も、常人にありては其境遇の如何に拘らず、憂鬱・恐怖・怠慢・貪婬・煩悶の無き者はない。故に單に健康を以て眞の無病とせば、常人の身體は悉く病者に屬するであらう。其程度の多少は別問題として既に悉く病者に屬すとせば、外觸の侵襲を受くるは亦已むを得ない事である。要するに精神內觸は實に疾病の本源にして、他の外觸は其原因を誘發すべき病緣に外ならぬ。

第二節　惑病不二

惑本とは無明にして種々の妄知妄見を薰起するが故に是を所知障と名け、又種々の念想、煩悶、惱亂して妄智妄業を作爲するが故に煩惱障と名ける。而して病源は身心凝流の二體が和平を失するときのものであるが、其過不及甚だしからざるを健康と爲す。然も世の所謂健康は惑本無明即ち是れ病源を孕胎するを知らず。維摩經に「癡ニ從ツテ愛アレバ則チ我ガ病生ズ」と見えてをるが、惑本の體久しきを積めば必ず疾病を發する或は怠惰・放恣・或は思慮、過勞皆病縁となり、想念凝滞して癲・疝・癇・肺等を發するが如く、總て一切の疾病は心思情想に關係せざる者なきを以て知られる。世人此斷惑修證の失誤より種々の疾病を生ずる事がある。而かも其實體に暗く惑病同源を知る能はず、諸病の本源は實に惑體にして諸惑の本體は無明である。その和合の癈液即ち陀那上昇して腦心源に流入和合し、それが粘纒涸濁して惑體を釀起し、之れが腦氣筋に依りて全身に流動するが故に、吾人の精神上の總ての迷相を現はし、有ゆる妄惑の感動となり身體の變化を起し萬病の原因となる。凡そ咽喉・肺の粘痰・鼻涕の濃厚其他疥癬・癰腫の類此等總ての痰膿は皆これ和合心の廢退釀泄する所で、病理學上では痰と膿とを區別すれども、只痰は直ちに廢退するもの、膿は既に敗化腐酸せるに由るのみで元來別種のものではない。

再言すれば精神の妄惑は、腦脊和合の溷濁に由りて薰起し、萬病の原因は、此妄惑の精神作用に由りて釀成するものにして、惑病は元來同體不二なり。故に試みに日常の實驗に見よ。瞋恚・驚駭・悲哀の切なるに際し、心悸は亢進し、胸窩俄かにドキ〳〵して妄識流動の狀態、歷然こして感知する事が出來る。又最近泰西の醫論には「精神の過勞は肺病の誘因こなる可く、精神の安逸はその經過を永からしむ」こいふが、我國近世の肺病患者は醫學の最も進步せる今日に於て愈〻その數を增加し來れるの事實は其基因する所がなければならぬ。

惟ふに人事百般、日に月に複雜より複雜に入り、生存競爭の活劇塲裡、人智の進むに從ひて愈〻精神の過勞を來し、一切の妄惑、有ゆる煩悶、無限の慾求は時々刻々に人を誘ふて病源を釀さしめる。而して醫學の進步ご同時に其病源は益〻釀起するに至る。哀れ文明の進捗なる哉。

第三編　耳根圓通論

第一章　心性の依所

古來佛教に於て說く所の心識の說、細を極め微を穿つと雖も其心性の依所甚だ曖昧にして明瞭ならず、之を佛心又は涅槃妙心と稱するけれども、古今の經論師、東西の禪客、只其體を說きて未だ其依所を言はず、耳口三寸其相を論じて未だ其質を悟らず。故に吾人身地に心性の依所、其本源を究めず、漠然として空裡に風を捉ふるが如き觀がある。

第一節　胸部說

古來より東洋では心は胸に在ると考へ、西洋でも之れに符合した思想がある。即ち精神が心臓及び肺臓に存して居ることゝ信じてゐた。故に精神の勝れざるときは「胸が惡い」「氣分が惡い」と云ひ、精神に問へと云ふ塲合に「胸に問へ」といふ樣な言葉がある。又象形文字である「心」といふ字は、大篆で「𢖩」で、全く心臟の形から來たのである。「素問」「靈樞」などにも心は心臓中に在りと說いてゐる。禪門にあつても胸間(第七識)を心の依所とし、彼の白隱門下の東嶺和尙の自筆になつた圖を見ても明かである。之れと似て西洋でも、英語の心といふ語の Heart は心臓といふ語である。希臘の大哲學者アリストテレスもヂオゲネスも心臓を以て感覺及び運動の中樞器官であると言ふて居る。是れを以て見るに、古來精神の所在を、心臓に在りと信じて居つたことが解る。これは實に無理もない事である。吾人の精神作用と心臓との關係は至つて密接なもので、少しでも心配なことがあること、心臓の鼓動が激しくなり、氣息が早く息苦しくなる。加ふるに心臓は四六時中絶間なく活動して止むことなく睡眠中と雖も其運動を廢せぬ。是れが丁度精神が活動的で四六時中その働きを廢せぬのと似て居る。この説は今日の科學上の智識より言へば誤謬の甚だしきものであるが、古人が心の依所を心臓に歸したのも又尤なことゝ思はれる。

第二節　腹部説

昔から東洋殊に日本及び支那に於て。心は腹にあるといふ考へが一般の頭裡を支配してゐた。殊に禪門にあつては心性の依所は臍下丹田なりとし、盛に丹田定力説を主唱した。今日多く唱導せらるゝ修養法を見ても大部分腹本位のものである。我等日本人が日常用ゆる「腹が立つ」『腹が黑い』『腹が分らぬ』『腹が太い」等の言葉も腹本位のものである。科學萬能の西洋にさへ心は腹部にあると説いた學者がある。パルメニデスの如きも精神は胃にあると言つて居た。

第三節　頭部説

大小乘敎の諸經論は心識を說くこと極めて審細詳密にして理義殆ど阻碍なく、至說至論の域に達し副說すべき餘地を存ぜずと雖も、其多くは唯だ空談空理紙上の戯論に過ぎず、之を以て一度其依所を吾人の身處に求めば、恰も婦女に就いて睾丸を論ずるに等しく、遂に之を明確に摘示することが出來ない。現代の科學皆精究實驗に出づるの時、只徒らに心性の依所を胸部又は腹部に在りと謂はんか、小學の兒童と雖も一笑に附するであらう。

坦山翁は萬死を顧みず、諸經論を涉獵し、工夫を精覈する事五拾有餘年、楞嚴經を本據として研究した。而して楞嚴經に「六根モ亦斯

ノ如シ、元一精明ニ依テ、分レテ六和合ト成ル、一處休復ヲ成ズレバ、

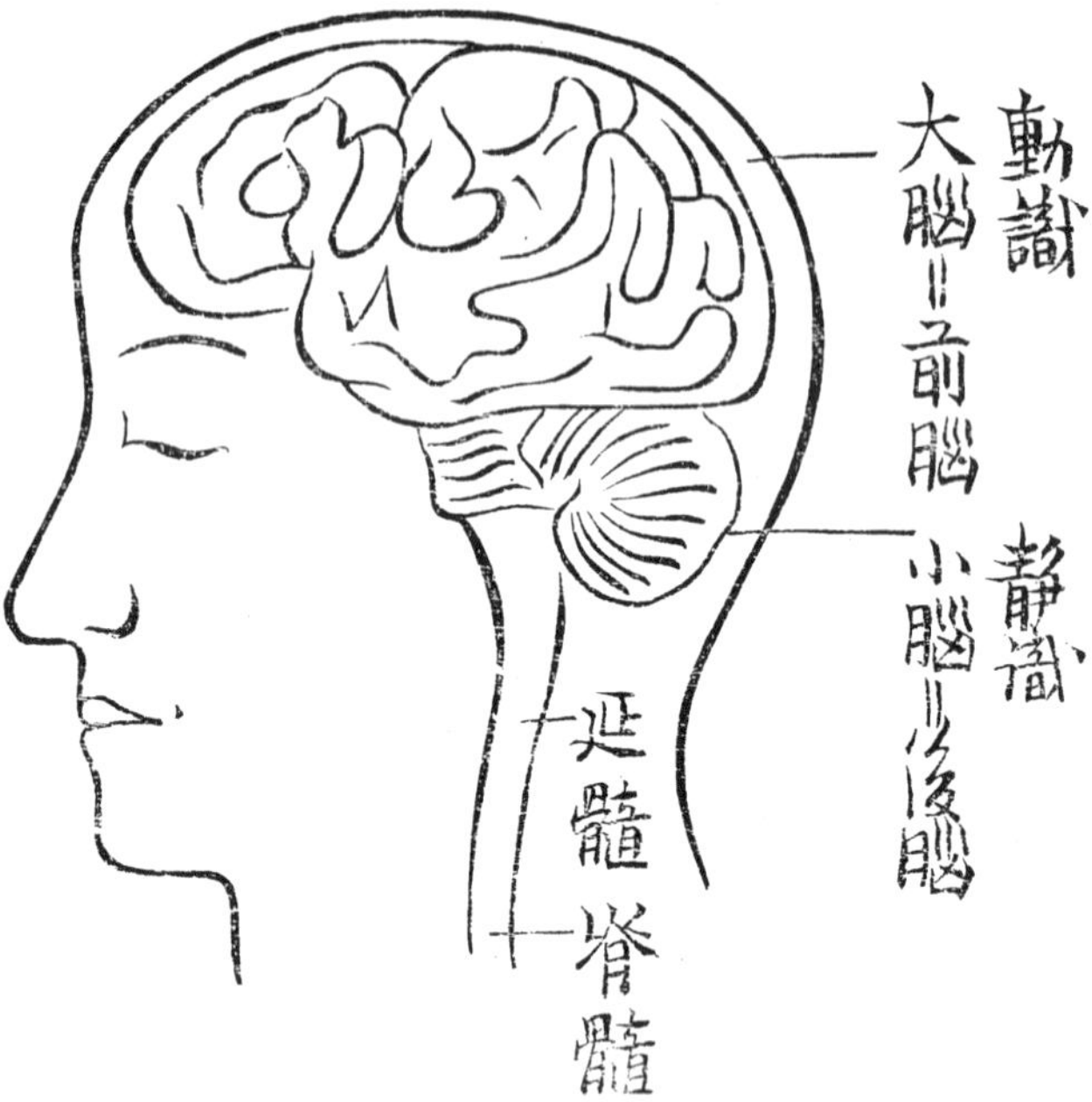

六用皆成ゼズ」と。又涅槃經に「頭ヲ殿堂ト爲シ、心王中ニ居ル」との語あるを以て、頭部は精神の依所なるを確證し、前代未發の瓏珠を捜得して、吾人身地の上に明かにすることを得たのである。これを見ても釋迦は明かに吾人の心は腦髓にありと説いたのであるが、後世の佛家が遂に曖昧糢糊の中に終らしめたものである。

西洋に於ても腦を精神の根源

と言ふた學者は澤山ある。デカート、ロチツエ、カールホフト等も同論者であつた。希臘の學者アルクメオンの如きは實地に屍體を解剖して腦と精神作用の密接の關係あることを説いた。然るに釋迦は既に三千年の昔に於て、頭部を以て心性の依所と開演して居る。實に釋迦は世界の大醫王にして又現代科學の先覺者とも云ふべきである。

第二章　修行法の三説

古來より斷惑の工夫に就いては、禪は迦葉の拈華微笑より、達磨の打坐工夫、南頓北漸の禪風などは、別に禪籍あれば夫れ等に讓りて今此所には其修行法の我邦に於ける三大説に就いて述べよう。

第一節　丹田定力説

寶歴明和の頃、我が國禪の中興の祖白隱禪師が、氣海丹田定力說を「夜船閑話」及び「遠羅天釜」に主唱して其當時睡れるが如き禪界に

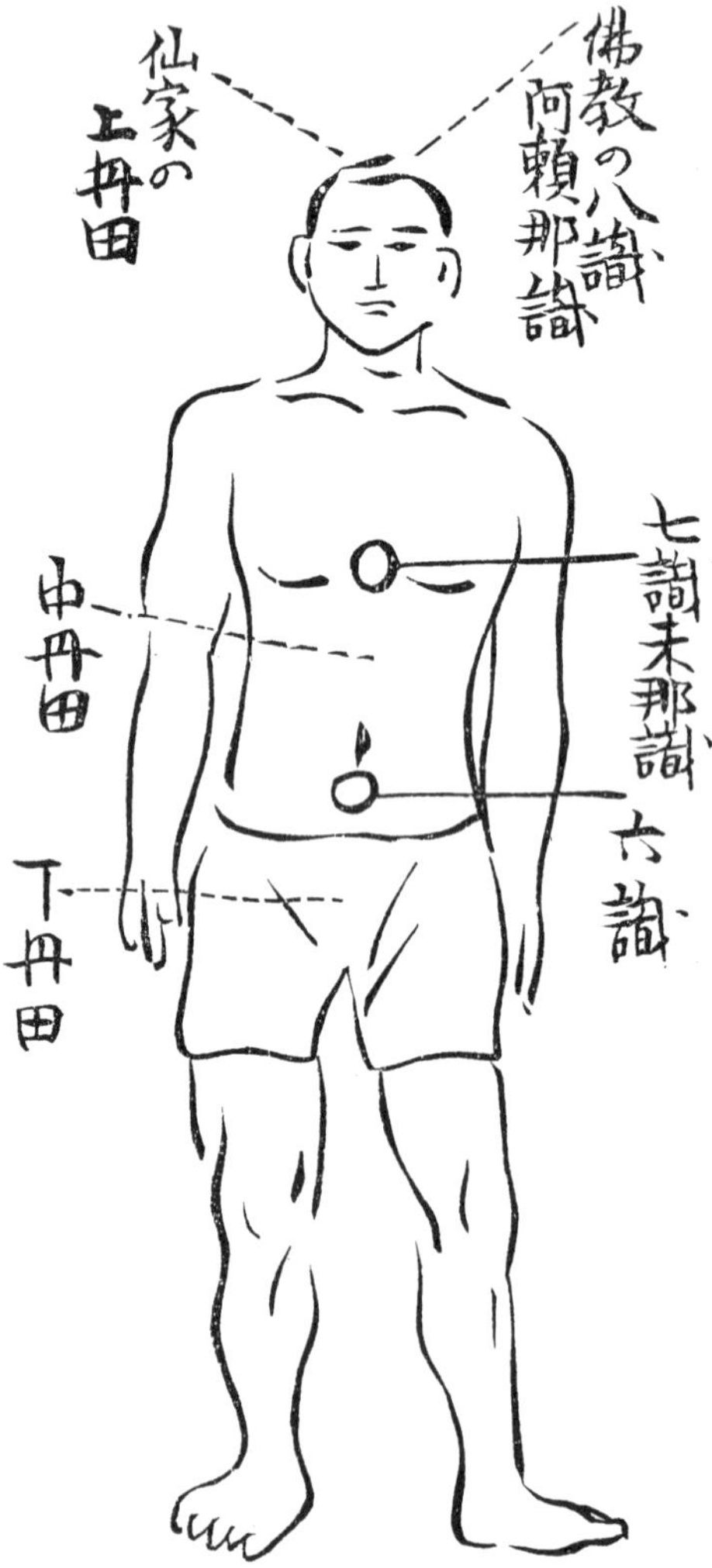

一大刺戟を與へ、これがため其三昧の修行法を一變せしむるに至つた。この丹田定力法は、其後平田篤胤、貝原益軒・平野元良等の健康

法となりて世に賞讃せられ、現代に於て二木博士の腹式呼吸、岡田虎次郎氏の呼吸静坐法となり、又之れに觀念法を加味したる藤田靈齋氏の息心調和法となりて世に行はる。然れごもこれ仙家の唱ふる三丹田中の下丹田の修養にして、麁惑無明、即ち腹部の惑障を斷ずるのみにして、所謂六識聲聞緣覺の小乘的阿羅漢の修行法にして退轉し易いものである。故に其腹便々たるに到り既に得たりとなすは、所謂これ野狐禪であつて、只徒らに無漏を樂しむは二乘底の修行である。

第二節　通身定力說

明治十年原坦山翁は、佛仙社を創立し惑病同源、腦脊異性論に基き、通身定力說を主張した、翁の修行法は、

「先づ下腹(下丹田即ち六識)に定力を込め、其部の空淨するに至つて、順次胸部(中丹田

即ち七識)に工夫を進め、腦項接續の路を絶ち、其本源たる腦底を空淨するに已む。」

こして、翁は意識及び末那識の下流を圖の如く唱えた、

「陀那の粘纏渾濁の頭腦を蔽蓋するを無明と名づけ、胸腹に集結するを煩惱と謂ひ、又惑體は諸病の原因にして、諸病は惑體の結果なりとし、心地(腦・胸・腹)に集結すれば、

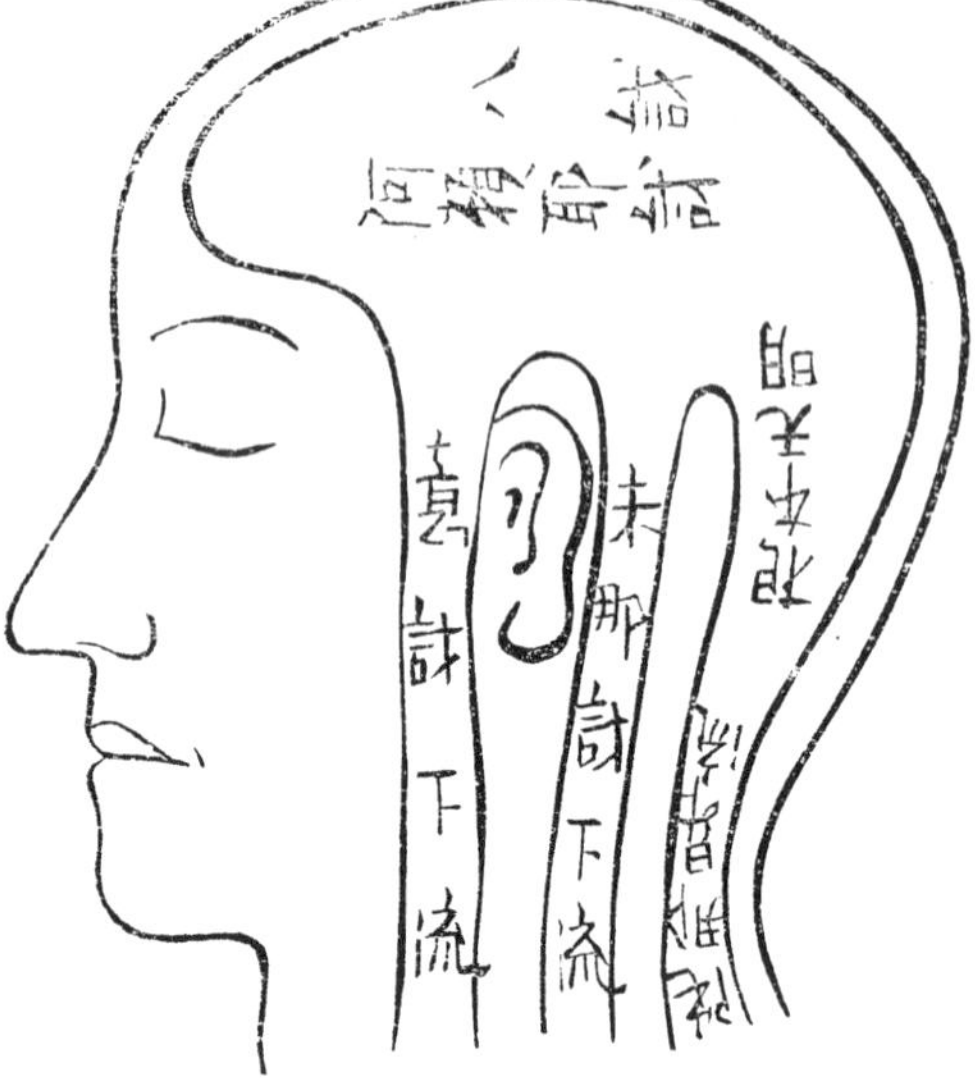

憂悲・苦惱を生じ肺・心臟・胃腸等の諸病を發し、身處(項脊・四肢)に集結すれば、痛痒・冷熱・膿壞・癰腫・痲痺・痙攣等の諸病を發す。その身心の集結を除き滯碍なからしむるには、定力を以てその結根を除く。而して最先きに集結するを根本とし、最後の者を支末となす。その次序は最後の支末より斷じて、先の根本に溯り、惑病の根原を斷じ、妄識流動を絕するに至る」

ど。然れども此支末より本源に至るは逆法にして、坦山翁の如き勇猛の金剛三昧の定力を以て、此の至難の修行をなしたりど雖も、此の逆法は無理ある修行にして、甚だ困難なるものであるから普通人には及び難く、翁の如きも三度死に瀕せる事があつた。今翁の實驗談を見るに、

「予惑病同源の實驗に於て、殆ど死に瀕する者三回、愈〻其原因確實にして纎疑なし、予弱冠にして出家し、深く禪學に盡力し、禪敎諸師に隨て佛敎の方法を受傳し、定慧を兼修し、自ら證契を認め、諸師の印證を得る者數回、而して自ら心地を觀察するに煩惱識依然、妄動心依然、念想心依然、又小森某の爲めに、痛く佛敎の廣遠空漠なるを駁斥せられ、大に慚憤し種々工夫し、最强の定力を用ふる事數年、遂に臍下に大癰を發す。世人皆必死と爲す。而して僅かに死を免る。時に年三十八、是れ定力を以て胸腹の妄識を驅逐するが故に、大塊腫を發するなり。更に進んで腦・胸に最强の定力を用ゆる事數年、遂に奇狀の腦病を發す。身體羸瘦し、心思異常、世人皆發狂となす時に年

四十二、是れ定力を以て脳・胸の妄識を驅逐するが爲めに、心識に大變動を生ずるなり。

爾後二十餘年、種々工夫實驗し近來又一奇病を發す。總身不隨意にして飮食を絶する者十餘日世人皆必死となす。醫師の診斷に心臓の變質、腸胃の衰弱なりと。予之を肯はず、故に其藥を服せず。蓋し是れ定力を以て驅逐する所の脳・胸・腹妄識の殘餘を排除する爲め、身體非常の大奮力を發する者にして、若し身體の生力稍弱なる時は必らず死す。醫學等の能く及ぶ所にあらず、故に予醫藥を假らず、居然として只廢退の妄識と生力の戰鬪を想觀す。大凡百餘日にして、妄識の餘滯を除盡する事を得たり時に年六十五、予此所に於て益々實驗明了なるを得たり。

抑も惑病は同源にして妄識の結滯なり、妄識は脊髓より發する所の粘液脳中に結滯し、胸腹及び全身に蔓延するものなり。之を驅除するの法は、最强至猛の定力を除く外更に別法なし。」

と。而して翁の修行法は、白隱禪師の丹田法に一歩を進め、只麁惑無明即ち腹部(六識)の惑障を斷ずるのみに甘んぜず、又其腹便々たるに至れば既に得たりと爲すに非らずして、下腹に惑障の空淨を知らば、更に進んで胸部に定力を用ひ、胸部又空淨すと雖も、此處に住んで得々たらば、是れ所謂二乘地に墮したるのみ。故に更らに奮勵して腦項接續を斷じ了せよと云ふにあつた。然れども之れ未だ聲聞緣覺の苦集滅道の法で、六道圓滿の菩薩行ではない。

第三節　耳根定力說

原田老師は、坦山翁に師事して、翁の學說を聽いたが、師は耳根門より定力を入れ、心源に通徹せしむるの耳根圓通法を創見した。是れ坦山翁の腦項接續を斷ずる逆法に反し、心性の源府八識の根源たる腦部に兩耳より定力を入れ、而して其の淸淨を了せば、それより胸腹部に定力を入るゝの法にして、之れ八識の菩薩行である。老師に至つて始めて修行法の完備するに至つたのである。

第三章　定力《ジヤウリキ》の解說

知つて而も之を顯說せざりし諸佛未顯の識體、知るが如くにして未だ知らざりし諸智識未了の本源、今明かに其說を得たるを以て須らく斷惑の工夫を精究實詣せねばならぬ。所謂定力とは佛法の惑障を斷ずる方法で、涅槃經に「先ヅ定《ジヤウ》ヲ以テ動ク」とあるが、これ正身端坐直ちに一念起滅の地に向つて惑障の本源を根絕するをいふのである。

定力に就いて坦山翁はその定義を與へて曰く、

「定力とは炙をスウルの心地なり」

と。定力の解說はこの一句に盡きて居る。卽ち一定の身處に心氣力を込め、且つ其局所に力を集注するをいふのである。普通世にいふ力と稱するものは、手足より外部に向つて發動するものである。が、我が唱ふる定力は身體の內部に向つて發動する力を云ふ。此の工夫によりて斷惑拔妄の參修を爲すのである。定力に就いて佛祖の言に曰く「聞思修ノ慧ヲ以テ而モ自ラ增益ス可シ、定力ハ一切ノ病者ノ良藥ナリ」と。又曰く「定力ハ無明煩惱ノ樹ヲ伐ル利斧ナリ」と。始め定力を用ふるは困難であるけれども、行住坐臥その工夫を怠らざれば、何時しか自知する事が出來る。而して修行の効は凡そ繫つて定力の中にあると謂つても差支なくこれに依つて著しき相違が人々により生ずるのである。

第四章　耳根圓通法

古來より佛教には解脫の法に六根門といふがある。六根とは眼・

耳・鼻・舌・身・意を云ひ、又この識を六識と稱す。これに六塵ありてこの六根六識を隱蔽し、細大無量の無明煩惱を起す。故にこれを打破して其心源に至るので、これを自覺性智、又は眞如法性と稱し、この六根門の妄識を打破するには、氣海丹田に定力を用ゆるのである。而してこの修行法は聲聞緣覺の胸腹部の法である。楞嚴經に、

「迷晦スレバ卽チ無明ナリ、發明卽チ解脫ナリ、結ヲ解クコトハ次第ニ因ル、六解《ゲ》スレバ一モ亦亡《ウシナ》フ」

とあるは、卽ちその謂である。然れども此六根を斷ぜんには、非常の困難を要し、又多大の年月を費すにあらざれば其境に至り難い。然るに耳根より定力を用ゆれば其境に至る事は極めて容易である。そは何故かといふに腦髓は心識の源府であつて、耳根は身體中の樞機である（睡眠より覺醒する時、眼は未だ開かないでも耳は眞先きに聞ゐて事物の辨識をする）故に耳根より猛勇な

る定力を用ふる時は、直ちに圓通する事が出來る。是れ六根門中耳根を第一となす所以である。楞嚴經に、

「阿難佛ニ白シテ言サク「世尊云何カ、流ヲ逆《カヘ》シテ深ク一門ニ入リ能ク六根ヲシテ一時ニ清淨ナラシメン」

「佛圓通ヲ問ヒタマフ、我レ耳門圓照三昧ニ從ツテ、緣心自在ニシテ流相ヲ入《カ》ヘスニ因ツテ、三摩提ヲ得テ菩提ヲ成就ス、斯ヲ第一ト爲ス」

「我カ得ル所ノ圓通ノ本根ハ、妙耳門ヨリ發シテ然ル後ニ身心微妙ニ含容シ、法界ニ周偏スルニ由テ云々」

とあるはこれ佛教大眞理の骨髓であるが、世の先賢の未だ說かざる所であつて、耳根門は只佛祖の獨り確證したる所である。是等個中の消息は凡夫外道の夢想だに知る所ではなかつた。

起信論に「覺ト不覺ト和合シテ一ニ非ラズ、異ニ非ラズ、是レヲ阿頼耶識ト名ヅク」と見えてゐる。實に腦部は覺·不覺·和合の根本であるから、耳根より猛勇の定力を通徹せしめば、立ちどころに其根源に至り、脊髓より昇流する陀那(又阿陀那(Ādāna)と稱し執持と譯す、即ち能く煩惱の種子を執持するが爲なり)の流注返流を自在ならしむる、故に、腦髓より全身に纏縛する流注粘液の、結滯を、解くことを得るのである。今これを例へば水の寒氣によりて氷となるも、時節來れば自ら溶解するが如く、元來一切の衆生は悉く佛性を有すれども、陀那が覺心に和合して全身に流布し、其業力によりて次第に停滯硬結するを以て、心には煩惱迷惑となり、身には病因となつて苦しむのである。今その粘液結滯を解くに耳根に定力を用ゐる陀那の流注返流を自在にする。其理論は既に心識論に述べてをいたから茲に喋々する事をしないが、常にこの工夫を怠らざれば、身心脱落の妙を得て、常住の安樂境に至ることが出來るのである。

第四編　耳根圓通實修法

第一章　耳根の修行法

耳根圓通法は、身《シン》心《シン》解《ゲ》脫《ダツ》の根本的修行法にして、造化生々の靈樞を握るものなれば、これを實驗修得せば、煩惱の解脫と共に身體强健の靈果を治め得る事が出來るのである。而して其本源は自己の腦中に在り。これを得るには學識才能にてはなす事能はず、金剛三昧の定力に依り、耳根より無明の固結を淸淨ならしむるのである、定力とは第三編第三章に述べたるが如く一定の身處に心氣力を込め、且つ其部處に力を集注するをいふ而して此の法を修得するには人に依つて無明の厚薄濃淡と定力の强弱優劣によりて遲速緩急の差別はあれども、各自疑ふ所なく熱心を以て修行すれば、必ず通徹の妙境に達する事が出來るのである。

第一節　耳根定力の方法

耳根定力の實驗

耳根に定力を用ふること、人或は創聞に驚かんも、前に述べたる如く、この耳根圓通法は前賢未發古今獨歩の修行法であるから他の修養法、健康法と全くその趣を異にしてゐるのである。耳根に定力を用ゆる時には、理觀念想を排し身心をなるべく平靜の位置に保ち、身體の前後左右に傾かぬ様坐するのである。而して足は踵を割つて兩足の拇指が僅かに接する位になして、その上に臂部を安置し、兩手は輕く握りて膝の上に置き、眼は普通の儘でよいのである。

而して呼吸は自然に任せ、奥齒を輕く合せて、その齒根に力を込め兩耳に向つて猛勇の定力を集注するのである。斯くすれば初めは肩より頸筋にかけ些か凝りを覺え、又人によりては耳鳴りを起す事もあるが、これは耳根神經筋に充滿せる無明粘液が、抵抗するためであるから、これらの障害に恐るゝ事なく、勵行すれば始めて耳根に徹し、自ら後腦の微動を覺ゆるに至る。これ通徹の初歩にして、これを前腦に及す時は、漸次内部に向つて活動を起し、遂に全腦空淨の如くなつてその快言說の及ぶ所にあらず、これ通徹の證である。

第二節　實修の時間

定力集注ノ秘圖

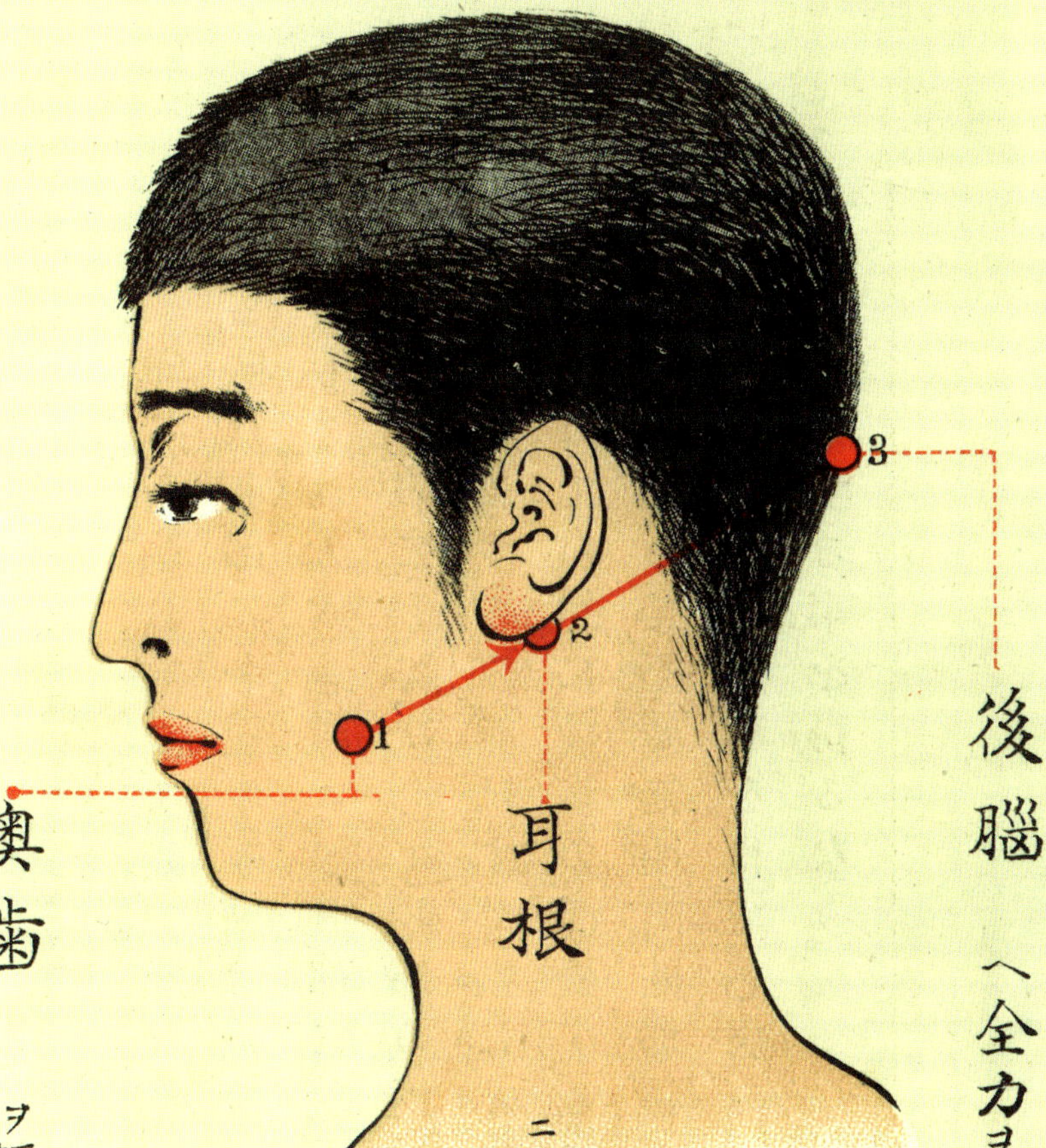
3
2
1
後腦ヘ全力ヲ集注スベシ
耳根ニ齒根ノ力ヲ傾注シテ
奧齒ヲ輕ク合セテ齒根ニ力ヲ込メ

（注意）

單に後腦に向つて定《ジヤウ》力《リキ》を注集する時は其部に一種の振動は覺ゆれども、これ大六意識より腦部に凝動するものにして、決して陀那の返流を自在にする事能はず。耳根に定力を用ゐて自然に後腦の活動するによつて始めて不覺無明阿《ア》陀《ダ》那《ナ》識《シキ》を自在に返流する事を得て、惑病の根源を斷ずる事を得るなり。

實修時間はその人の都合により適宜に定めてよいが、朝・晝・夜の、三、回、大、凡、十、分乃至十、五、分間位、宛行ふがよい。尙朝起床後は精神の安靜なる時であるから、この時充分の努力を盡して修行すべきである。

第三節　通徹の期間

通徹の期間は普通五日乃至壹週間こし、遲きも二、週間、の修行に依つて必ず通徹の妙境に達する事が出來る。

第四節　通徹こ年齡

十歲より十五歲までの少年は、無明の粘液固結少きを以て、容易に通徹し得るものであつて、壯年の人も精力旺盛で、これ亦通徹容易であるが、五十歲以上の人は、無明の粘液固結久しければ、自然多數の日數を要す、然れごもその熱心如何に依つては意外に早く通徹する事がある。從來の經驗によれば、如何なる老人にても通徹せざる者は未だ嘗て無いのである。

第五節　通徹の實驗法

通徹する時は、全腦活動するを以て、人をして頭部に手を觸れしむれば、その活動を知る事を得、自己に於ても著しく之れを知る事が出來る。而してこの活動とは、普通いふ振動とか、靈動とかいふものとは異なり故意に頭部を振るにあらずして、定力によつて自然的に内部の動く狀態をいふ。自己に於て通徹したるを自覺せば、又次の方法を以てしてもよい。

「仰臥して、枕を用ゐ、兩手を以て鳩尾《ミゾオチ》を押へつゝ、後腦に定力を注げば、前腦活動す。」

故に耳根の通徹を自覺するに至らば、次は胸腹部に移るのである。

第二章　胸腹部の修行法

胸部定力の實驗

第一節　胸部定力の方法

耳根の通徹を了らば漸次胸部、腹部に向つて定力の工夫を要す。胸腹部は陀那粘液の停滯し易き處であるから、腦部の淸淨を圖ると共にその部の病根を斷滅せねばならぬ。

胸部に定力の入れ方は、耳根に依つて自得したるものと異なる所はない。先づ前の如く坐して兩手を折りて胸側に擧げ、引き締めながら胸部に定力を注ぐのである。この際にも後腦に定力を入るゝ事を忘れてはならぬ。又最初より餘り强度に過ぐれば、害あるものなればその定力を工夫して過ぎざる樣に注意せねばならぬ。

胸部は七識（末那識）にして、常に陀那の凝固し易く、精神上にては貪瞋痴の三毒となり、煩悶憂鬱となり、肉體上にては疾病となりて肺・心臟等を侵すものであるから、この陀那を定力によりて驅除せねばならぬ。胸部の定力を終らば、又腹部に定力を入るゝ工夫を要す。

第二節　腹部定力の方法

腹部は六識にして惑障多き所なれば、努めて定力を注がねばならぬ。下腹は古來より丹田と稱し、臍下に定力を込むる事は普通禪家の修行にして、又現今流行の各修養法の基礎とする所である。然れどもその心源を閑却して、唯に下腹の修養にのみ努むるは誤れるも甚しきものである。

腹部定力の實驗

耳根圓通法は、腦部(心源)を第一に清淨ならしめ、それより胸腹部に移るので、本法が從來行はれつゝある修養法と全くその趣を異にして居る所以である。

腹部に定力を用ふるには、先づ耳根に定力を入れ、而して心持ち腰部より兩股にかけて力を込め、腹部を引締めて內部に向つて力を入るゝのである。初めは意の如くならねども、漸次修行を積むに從つて、下腹に定力の充實するに至る。而して玆に注意すべきは胃腸を緊縮せしめ、決して膨滿せしめてはならぬ。尙初めより强き定力を用ふれば胃腸を害する事があるから、この點は胸部と同樣深く留意せねばならぬ。

第三節　胸腹通徹の實驗法

胸腹部に通徹したるを覺知せば左の實驗をするのである、「仰臥して後腦及び下腹に定力を入るゝ事十分間許りにして兩手を鳩《ミゾ》尾《オチ》に當つればその皷動を感ぜざるに至る」是れ胸腹の動識不生の證であつて、覺不覺和合の所以である。

第三章　實修法餘則

第一節　實修の注意

耳根圓通法實修の時には、端坐して行ふ事は前述の如くであるが首は眞直にするよりも前へ或は後へ傾けた方が耳根によく定力の入るものである。又兩耳に同時に定力を込むる事困難を覺ゆる人は、右より或は左より入れて毫も差支ない。是等は各自に工夫が肝要である。

第二節　後腦の振動と耳根圓通法

岡田式靜坐法、靈子術等の修行を試みたる人は、少しく後腦に力を用ふれば、後腦の振動を覺ゆれども、是れ決して耳根圓通法の眞髓ではない。耳根圓通法に據るものは耳根より定力を用ひて自然に、後腦の活動を覺ゆるもので、なくてはならぬ。斯くして始めて不覺無明阿陀那識を自由に返流し得て混濁の無明水清淨となりて惑病の根源を絶つ事が出來る。この點は諸氏の誤解なき樣特に注意を促す所である。

第三節　通徹は不退轉

現時流行の靜坐法、呼吸法等は、胸腹部の修行にして佛教の所謂六識の小乘法であるから、一度その效果を治むるとも、若しその修行を怠る時は退轉し易きものである。然れども耳根圓通法により通徹したる時は、根源たる腦部の無明を斷じたるものにて八識大乘の法であるから、萬一修行を怠るとも退轉するの憂は決してない。これ他法と純然たる格段ある所以である。

第四節　定力自在

耳根の通徹を終り、胸腹部の修行をも終へたならば、耳根・胸腹の三所に同時に定力を入るゝ事を得。これ時間上にも經濟なるのみならず、この効も亦著しいものである。

第五節　常時の修行

通徹後と雖も行住坐臥、修行に努め、益々全身の營養を盛ならしむる樣せねばならぬ。即ち人と對談の時、勉學の時、業務の時、歩行の時、常に耳根に定力を入れ、煩惱と疾病の根源を斷つ事を怠つてはならぬ。夜床に就いた時も後腦を枕に押當つる心持にて行ふがよい。兎に角常時の修行が大切である。

第六節　通徹の報告

耳根より胸腹の修行を終へ、通徹を自覺したならば、その經過狀態を詳細に本會へ報告して修得證を請求せらるべし。本會は審議の上授與する事となつて居る。

第四章　通徹後の修養

第一節 照眞法

精神の修養は如何にすべきや、意志の鍛錬は如何になすやとは、今日世人の大に研鑽せんと欲する處であつて、常識の涵養、趣味の啓發も皆只意志の强弱に依るのである。而して意志の强弱は直ちに行爲に顯はれ、人格の如何に關するのであるが故に、精神の修養に志す人はこの意志の鍛錬を欠く可からず、如何に智に於て正しきを望むも之を遂ぐる力なく、情に於て如何に美しきを欲するも是を得るに道が無いから、終に正と知りて行ふ能はず、美と知りて好む能はざるに至るのである。而して意志は精神修養の根底であつて一切の行動之れに依るのであるから、意志の强き人は盤根錯節に耐へ、其弱き人は薄志弱行の徒となりて、徒らに心を勞して成す無きに終る。然らば如何にして此の意志を鍛錬すべきや古聖曰く「汝自身を知れ」と、此の一語は精神修養の要素にして眞我の徹見は卽ち汝自身を知るの謂ひである。相對差別の小我を離れて絶對平等の大我を認め我心に迷ふ所なく、我心に動く所なき此境に達してこそ、我自ら宇宙の主人公となり八風吹けども動せず、泰然として世に處し、自若として事に當り、身は毀譽の外に超絶して心に煩悶する事が無くなる、是を不動心と云ふのである。

由來我が心の煩悶し懊惱する所以は、外界差別の現象の爲に動かさるゝに外ならず、今心を絶對平等の境に置き我の自ら我たる所以を悟得し、我を暗ますの妄念迷夢を打破せば何の煩悶する所かあらん。順境に在て驕らず、逆境に在て撓まず、悲哀・恐怖・情愁・娯樂より起る不合理を制伏して、全然境遇の束縛、外物の誘惑を脱離し、毫も名聞利慾の爲に心を動かさゞる程に達せねばならぬ。

故に諸士は耳根圓通法によりて無明煩惱の解脱を得るこ同時に王陽明の所謂「天理を存して人慾を去る」の工夫を積まねばならぬ。故に先づ已れに克つの力を養ひ、其力を以て心裏に横行濶歩する邪念妄執を打破し、心海風濤絶へて天日月明かなる境に住し、心は外界に動ずる事なく榮辱叢裡笑ふて事を處し、生死岸頭何の喜憂する無きを得、人この如くにして初めて意志の鍛練を得たりこ云ふ可きである。然らば如何にして此境に到るべきかこ云ふに、其修養の法に動靜の二面ありて靜中の工夫は照眞に過ぎたるは無く、動中の工夫は習慣を養ふに如くは無いのである。

第二節　照眞法の要項

一、準　備

照眞法を行はんこするには、豫め心得る可き要件がある、

（い）曉天坐

曉天坐は起床の後ち直ちに洗面し、耳根圓通法を行ひ然して後ち靜かに照眞するのである。

（ろ）夜坐

夜坐は食後一時間位を經過して後ち行ふがよい、凡て滿腹の時を忌む。さりとて又空腹の時も宜しからず、沐浴の後又散歩の後が宜しい。最も運動度に過ぎ疲勞せる時は宜しくないのである。

然し曉天・夜坐に限らず、寸暇ある時は何時にても宜しいのである。

（は）坐室

室はなる可く靜かな處が宜いのであるが、それは別段撰ぶ必要はない、學生は下宿の二階で宜しいのである。然して光線の强射する處は宜くないから注意をせねばならぬ。又餘り暗きに過ぐる處も宜しくない。夜間は燈火を薄くして行ふが宜いのである。

(に)坐物

坐に要する坐蒲は禪家に用ゆるものはあるが、假りに普通の坐蒲團を打重ねて之を用ゆるも妨げはないのである。餘り廣きは不便であつて、只臀部に充つるを以て足れりとするのである。尚禪家の坐蒲を用ゆる時は其後ろの方に、三日月形に殘して座するのである。

二、坐法

照眞法の坐法には三つの樣式があつて、一を結跏趺坐とし是れ正法である。二を半跏趺坐となしてその略法である。第三は正坐法であつてこれは初心の人には容易にして最も適するのである。

(イ) 結跏趺坐

結跏趺坐をなさんには、先づ坐蒲に半月形に坐し、兩足を前に出して右の手を以て右の足を取り、左の股の上に乘せ又左の手を以て左の足を取り右の股の上に乘せて兩脚を組むのが結跏の法である。これは蓋し佛教では右の足を煩惱とし、左の足を菩提に象り、左の菩提を以て右の煩惱を押さへ付けると云ふ義としたものである。

手は右を下に左を上に上仰けて重ね、親指の腹と腹とを合せて臍の下の邊に寛く着けるのである。之を定印を結ぶと云ふので右の手を行に象り、左の手を智慧に象つたものであるから左を以て右を壓へるのである。而して其身體は前後に曲り、左右へ傾かぬ様にせねばならぬ。照眞法は精神の修養をするのであるから、どうしても其身を正しくせねばならぬ。尙口は閉ぢて舌を上顎にかけ、眼は張らず微ならず半眼に開くので、これは面前の物に意を留めず、内心に思慮せずして而も睡らざるが爲めである。

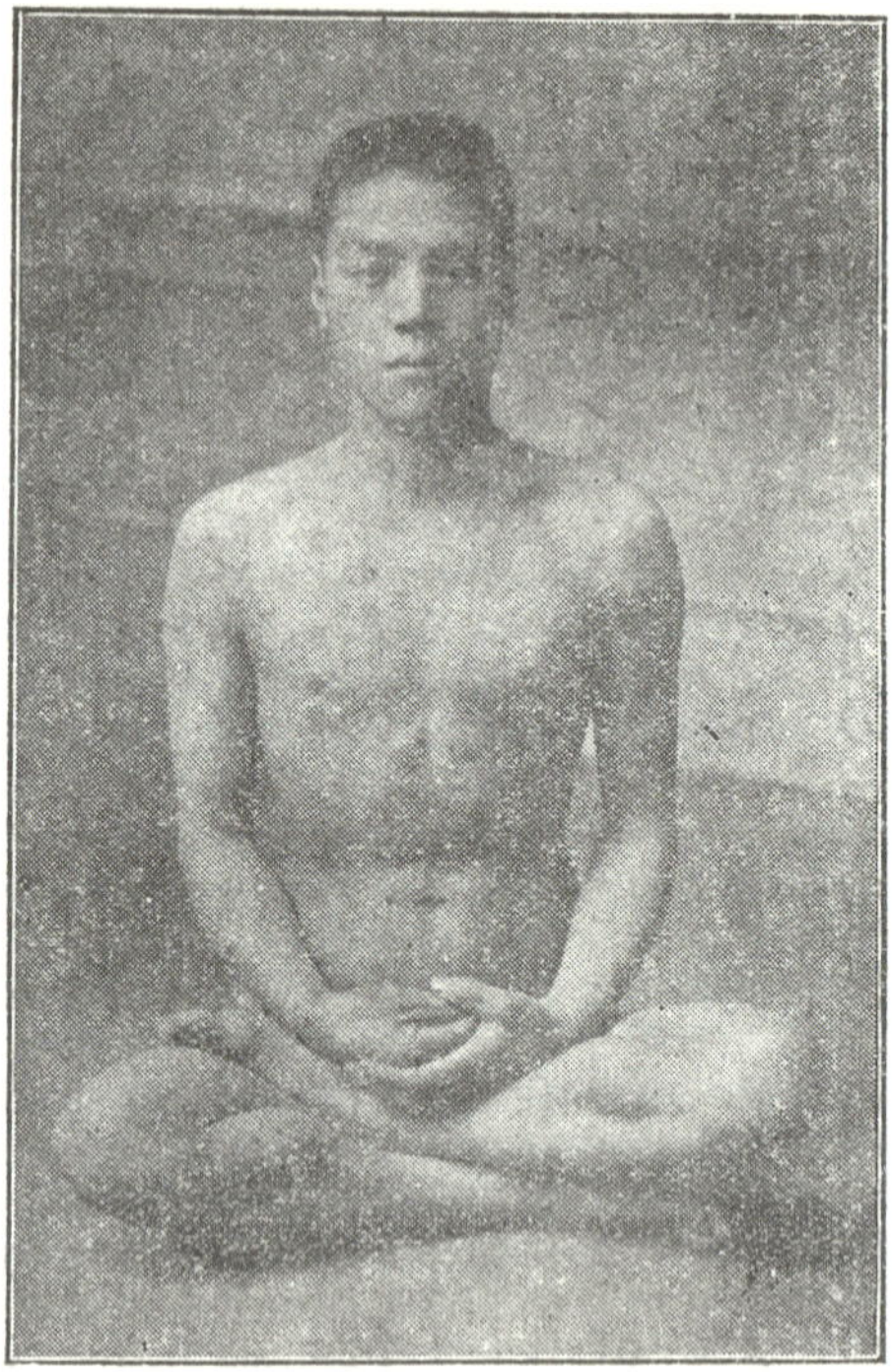

（ロ）半跏趺坐

半跏趺坐は上圖の如く、左足を右の股の上に乘せ、手は左手を以て右手を握るのである。姿勢は結跏趺坐の時と同じく、脊骨を端直にして、頸頭を正しく鼻と臍とを相對せしめ、手は定印を結んで眼を半眼に開くのである。

（ハ）正　坐　法

これは半跏趺坐の苦痛ある人、若しくは婦女子に適する姿勢であつて、即ち脊骨を眞直にし、臀部をなるべく後方に突き出して下腹を落ち着け、膝は少しく割つて坐るがよい。手は兩手を輕く握り合せて膝の上に置き、眼は矢張り半眼に開くべきであるが、全く閉ぢてもよろしい。

第三節　照眞深息法

端坐して耳根に定力を注ぎつゝ、深息をなし調心するのである。

深息とは一息の長さは、大凡一分時に三呼吸位を宜しとす。熟達すれば一分時に一回は出來得る樣になる。

之れを行へば鼻息大に通じ、雜念妄想の襲來を防ぐを得。而して深息とは、腹の底よりする息にして、鼻先きにての息ではない。又之を生理的に云へば肩にて息せず、胸にて息せず腹の底より息するのである。腹の底より息せば是に從つて胸腔の伸縮も盛んに、肺尖も氣管も、肩も口頭も、鼻孔も共に盛んに息する事になつて、その息は全身にて息するのである。

第四節　打坐の時間

時間は三十分なり一時間なり、餘暇に閑室を選びて三昧に入るを要す。斯くすと雖も、禪の如く靜慮を尊ぶに非らず。又理觀に入るに非らず。要は後腦(上丹田)胸部(中丹田)腹部(下丹田)へ定力を用ゐつゝ深息を行へば、和合の妄識を一切空淨にして、至妙清淨の心性を晃乎として寰宇に照破する事が出來る。是れ即ち本來の面目現前すと云ふ。尙不斷の努力を以て修行せば、無明根を拔盡して所知の惑障を亡ず、故に動靜の二相卽ち生滅の念相、了然として亡じ聞と所聞と盡き、覺と所覺とを空じ、身心共に妙明の眞心明了し、明鏡の萬象を影して、體に跡なきが如く、解脫の境に到達する事を得。これ清淨純覺の顯現、即ち大悟底の境界となるのである。

第五節　照眞時の心狀態

照眞時の精神狀態はこの深息をして居る中に種々な境界が起つて來る者で、心が清澄になるに從つて妄想や雜念が湧出して來るのである。此の妄想は强剛な者で百萬の强敵にも勝つて居る。それで古人も之を醉象に譬へ又虎狼や馬猿に喩へた程で是を退治するには非常なる勇猛心が必要なのである。その勇猛心は八萬四千の煩惱(見惑思惑)の勢力より强いものであるから、是を以て妄想を退治するには、大海の一泡を消し、二葉の小草を引拔くよりも易いのである。然し修養者にして其勇猛心が潺弱なれば、此妄想に打ち勝つ事が出來ぬから良く精進打坐して修道せねばならぬ。

此妄想に續いて睡りと云ふ境界が起る、此睡魔かさして來ると恍惚となつて夢か現つかと紛攪雜亂し來て五里霧中の境界となるのである。又此外に一つ强魔があるそれは倦むといふ事である。此倦むといふ事は坐にあきが來る事である。長時間打坐して居ると倦魔に襲はれて、智慧も、慾も、願心も、何も挫けて仕舞ふのである。此倦魔も勇猛心を以て心を撓まさず打破せねばならぬ。

又打坐中に自然に身體が動搖し出す事があつて、それは別に睡遊に落ちて居るのでもない、眼は閉じて居るが確かに眠つて居るのではない、只身體が坐した儘、前後左右に動搖するのである。是は打坐の境か進んで心か統一したる時に起る狀態であるから、決して心配せずに搖れるが儘まゝに放任して置いて宜しいのである。

又坐の狀態が愈〻進んで深くなること一種特別なる境界が起つて來る。それは一心堅固に打坐三昧に入り更に餘念の動かざる時に當つて、忽然こ坐中が震動して大地震の搖るが如く見え、又眼前に二間四方もあらんかこ云ふが如き大穴があるが如く、或は知らぬ老夫が眼の前に坐するが如く、又光明が輝く樣に見へたりするのである。此等の境界は萬一現じたからこ云つて決して驚く事は無い。是は精神作用の現象であるから少しも不思議こするに及ばない。如何なる境界が現じても其境に取合はず、一心に勇氣を以て深息をするのである。然すれば其魔境は消散して仕舞ふのである。

追々其坐が進んで來るこ、身體の內で脈を打つ音が聞え、頭から胸部の脈の音までが良く聞ゑる樣になつて來て、兩肩で血液が循環する音までわかり、又下腹部は波の打つ如くドーン〳〵こ聞へ、それから兩足から踵の脈音までがハツキリこ聞へる樣になるのである。此の境界は餘程坐を重ねゝば到らないが、又斯いふ塲合には悟りでも開けたかこ思ふ位で非常に嬉しいこの嬉しいこ思ふのが又一の妄想であるからして、例令何ほご異なつた境界が現じても如何なる妙境があつても、一切それ等に取合はず打坐三昧に入つて一向一心に、進んで退かぬのが修養の眼目である。

楞嚴經では此等の境界を五十種の魔境こしてある。

第六節　照眞法の極致

修養其効を積みて妄想の我が心裏を侵すなく、邪念の我が思慮を亂すなきに至れば、吾人は愈く宇宙の大道を離れず、一擧一動天地の妙用と合致する事が出來る樣になるのである。何をか宇宙の大道と言ひ天地の妙用といふか、吾人の宇宙は偉大なる實在則ち神の顯現であつて、此神は決して現象界の外にあらざるを信ずるのである。而して宇宙は絕對である又正善である。佛敎の眞如といふも之に外ならないのである。

されば此法に順ずるを善とし、之に反するを以て惡とし、茲所に人道の根底を置き、念々離れず擧止之に背かざるを以て宇宙の大道に從ふといふのである。然して吾人の心裏には此妙趣と脈絡貫通する靈妙なる者があるので、是れを發揮して行くのが修養の道程であつて、此大道に違はざる樣にして行くのが人生の要路である。

趙州和尚が其師南泉禪師から「平常心是れ道」こ喝破せられた如く平常心が其儘に宇宙の至理天地の公道の發現にならねばならぬ。若し夫れ我が心此の至理公道こ一致し、喫茶喫飯も是れこ離るゝ事がなかつたならば、吾等の一擧一動は卽ち是れ宇宙の一擧一動、吾等が生死去來は卽ち之宇宙の生死去來で、吾等こ宇宙こは何の隔絶する所なく、宇宙の普遍なる如くに吾等も普遍に大道の無限絶對なる如くに吾等も亦無限絶對である、又我が心にして大道こ一致する時は、此の自巳は小なる自巳にあらずして大なる自巳である。卽ち天地こ大を等しくし、宇宙こ其廣を同うするの自巳である。是れは修養其功を積みて到るべき境界で、此境界に住すれば日常生活が其儘に道を行ふ事になるのである。道を行ふこいふも特殊な事ではない、商業家は牙籌を手にし、農業家は耒耡を採り、官吏は刀筆を走らせ、軍人は劍を提げて社會の共同生活を助け、其進歩發達を計る中に大道は現前し道を行ふの功は成るのである。是れ吾人の務むべき所で、又古聖先賢の範を垂れたる所である。徒らに理を說き義を究むる事を知て、實際に是を行ふ事なくんば未だ道を得た者といふ事は出來ぬ、されば吾人は唯是を信じて行へばよいのである。

第五編　餘論

第一章　禪と耳根圓通法

現代社會的生活は複雜となりて、物質的文明を謳歌する時代となつた。然れども只だ科學的の智識のみにこの煩瑣なる活社會に立つて人生の歸趨を究明する事は不可能である。玆に於てか近時宗教の信仰が各方面に要求せらるゝに至つた。彼の禪の妙旨を參究せんとする人の年を逐ふて多きを加へ、禪籍の刊行せらるゝもの多く、祖錄提唱·攝心參禪等盛んに行はれ、禪風勃興の時代となつたのも是が爲めである。

凡そ禪は見性悟道の妙法にして、又身を修め、德を進め、世に處し、業を建て、國を治め、家を齊ふるの要術である。古人曰く「夫れ道は禪に非らず、究め難し、坐に非ず、得難し、故に坐觀究理之れを坐禪こいふ」こ。而して古來流弊も亦少くない。彼の「不立文字」「敎外別傳」の名の下に、或は看活禪、或は默照禪などゝ唱え、前者は古人の糟粕を嘗めて、その悟道の足跡に倣ひ、之れを自身に實現せんことを焦慮し、後者は眼を蔽ふて殊更に文字を排し、强ひて沈默を守りて古哲の思想に投合せんこ努力した。古哲の語錄公案を瞥見して、自家硏究の參照に資することこ必ずしも不可なるものではない。又先進の師友に參して實地の推挽を受くるは最もなことであるけれご、先人の語話に泥みて、難解の語句を强ひて理會せんこ努め、又は殊更に耳を掩ひ眼を閉ぢて鎭念を是れ事こし、空しく光陰を度るもの、みな是れ盲修の沒工夫で、偶ま幽閑の境に逍遙するが如き者あるも、これ亦暗證の靜慮こいふ形式張りの死禪に過ぎない。

要するに是等は其心源を究めず、惑障其物の本體を確證せず、坐禪定・或は聽聞法の力に一任し、悟りを自然の結果に待つもので、千百人中三五人は不知不識の間に祕堂に參入し得るならんも、我が耳根圓通法は心源を實驗的に確證して、惑障其物の本據に突貫し、陀那の返流に依りて眞淨界に投入するのである。故に勇猛心を抱いて施行する定力を怠らなかつたならば、百人が百人悉く通徹し得るのである。

彼の胸腹部の妄識煩惱のみを斷絕するの修行法は所謂小乘六識・聲聞緣覺の修行で阿羅漢程のものである。この聲聞緣覺の修行は變化退轉し易く、又其修行には錯誤が多く、且漠然として往々黑白混同視するの弊を免れぬ。之に反して耳根圓通法は大乘菩薩不退轉の修行法にして短刀直入的に心源の本據を促へ、實地に驗證して盲動的認識を許さないから、實に確然として明白なる省悟法である。是れ大聖釋迦佛の最終明教たる菩提樹下の根本的實諧であるからである。

第二章　耳根圓通法と婦人

健全なる國家の發達は健全なる國民に據つて得らる。健全なる國民は健全なる婦人より生る。今や我が國は日本の日本ではない。世界の日本である。我が國民は世界の大舞臺に立つて活躍すべき機運に向つてゐる。此時に方つて婦人の健康問題は又一顧を要する重大事である。

我が日本の婦人を觀るに、身心共に頗る不健全である。これ從來婦人の蟄居主義の境遇の結果とは言へ、又社會の謬見に基くものである。近頃までは婦人の體育思想が頗る幼稚で、婦人と言へば只內氣で風にも堪えられぬ幽靈式を貴んだものである。今や日本の婦人は家庭的裝飾品たる地位に甘んじて衣裳と化粧に浮身を窶す時ではない。大に從來の謬見誤想より覺醒して身體と精神を鍛へて行かねばならぬ。最近女子教育の普及と女子の自覺とにより婦人の社會的地位は漸次向上し體育に關しても種々試みられてゐるが、實際の結果は未だ殆ど言ふ程の域に達してゐないのみならず、女子が自覺的に身心の健全を期せんとしつゝあるのは、只僅かの部分に過ぎない。其大多數は依然舊來の不健全なる型に囚れて婦人は先天的に虛弱多病のものと觀念して居るのである。これ茲に大聲して婦人問題を叫ぶ所以である。

茲に於て現時流行の各種健康法・修養法を見るに何れも多大の

餘裕と時間とを惜まざるものには大に推奬すべきであるが、今日家庭の夫人としてはその實行は到底不可能である。何となれば全然從來の習慣と家事とを打棄てねばならぬからである。此に於て、婦人の日常生活に適し、而も短時日に効果を治め得べき方法の必要が起つて來る。幸にして耳根圓通法はこの條件に副ふる唯一のものである。且つこれに依つて出産の容易なると、胎兒の强健とを得る効あるに於てをや、予は家庭にあつて家事に暇なき人、又將來家庭の人たらんとする人の最良健康法修養法としてこれを推奬して憚らぬものである。

第三章　柔劍道と耳根定

世間の醫家又は衛生家中には、我撃劍道に於て竹刀を以て頭部を強打するを見て頗る不合理のことゝ爲すものがある。それ等の人は、腦髓の大切なることを知るが故に、頭蓋骨を打擊するは直ちに內部の腦髓に惡影響を與ふるものと信ずるからであるが、昔から頭蓋骨を打ち慣らされた擊劍家には滅多に頭痛にかゝる者が無いのみならず、彼等の頭部乃至は身體は一般に强健であつて、西洋心醉的たる醫家や衞生家の頭や胴體よりも常に巖疊である。若し擊劍する者が、頭部を打擊される爲に腦に影響あるものならば、身體中に於て何所かに病弱な所を生ずべき筈である。苟も擊劍を稽古する者は、自らその頭蓋骨を硬固にする爲に、寧ろ竹刀にて頭部を打擊されることを好んで居る位なものであるが、擊劍家が頭部を打たるゝことは、實はその頭蓋骨を硬堅ならしむるを目的とするのではなくして敵刄に畏縮して眼を惜むことの無からんここの習性を養ふのである。卽ち是れ禪の學修である。熟達したる擊劍家が對手に頭部を强打されても毫も瞬かず、又毫もその靜平虛無の念を動かさゞるは耳根圓通的なる一種の修法に就きつゝあるものと見做すことが出來る。夫故にかゝる擊劍家は、打たれて傷痍を受くるも、毫も痛むことなくして安穩である。

又柔道の内に後頭集力法なる一法があつて、投げられて後頭部を打つ場合に備ふる法で、後腦へ全力を注ぐのであるが、之を耳根圓通法の後腦に定力を入るゝものと似たるは又面白い。耳根圓通法により精神の安立を得て稽古すれば、確かにその極意に達する事又容易であらう。

第四章　自己療法

耳根圓通法により耳根及び胸腹に定力を込めて惑病の根源を斷滅すれば、如何なる疾病にも罹る事なきが故に、自己療法の如きは此上よりすれば殆ど必要なきものであるが、何等かの事情によりて修行を怠り爲めに疾患を招いた時に、自らそれを治療するの術を知らねばならぬ。是れ本章を特設した所以である。既に疾患を有する者はその局部に陀那の停滯して患を釀したものであるから、耳根の定力によつて根本を斷ずると共に、又その患部に定力を込めてその部の陀那を斷滅するのである。例へば頭痛・頭重等の場合に前腦に定力を入るゝが如き、又咽喉加答兒にて咽喉の腫れ痛む時、その部に定力を入るゝが如き、又腹痛下痢等の場合に腹部に定力を込むるが如きである。その應用は臨機應變、その人その疾患によつて定めねばならぬ。尙患部の陀那を斷ずる場合には、猛勇なる定力が必要である。

第五章　耳根圓通法の効果

耳根圓通法は身心解脱の根本的修行法であつて、病氣治癒健康増進等の小目的ではない。随つてこの修養法は單に病人のみの行ふ可きものではなくして、安心立命を得て無病長壽に人類の天職を全うせんとする人の必ず力むべき修養法である。

世人或は精神の安立を言ひ、又身體の健全を言ふ。何をか精神の安立といふ。即ち喜怒哀樂等の諸感情や、憎愛・愁鬱・怖畏・婬逸等の念想に克ちて寂然不動の大精神を得、更に宇宙の大我と合一したる大悟底に到達するものにして、世人或ひは之を禪によつて求めんと欲し、又宗教の信仰によつて求めんと欲す。然れどもその何れも理觀のみに趨りて其心源を窮めず故に時に顚倒するのである。耳根圓通法はその心源を覺了し、八識心王の居城たる腦髓の淸淨を圖り、無明の惑本を斷ずるのであるから、身心一如の妙境に至るのは又當然の理法である。これ佛教の眞髓に達するのみならず、總ての哲學其他科學の到達すべき最後の疑問を解決するものである。而して世人の欲する彼の膽力の養成・煩悶の解脫等皆此の範圍内に過ぎぬ。

何をか身體の健全と云ふ。即ち身體中些の違和を感ずるなくよく睡りよく食ひ、活力全身に滿ちて愉々快々人生の享樂を味ふを云ふ。これ現代人の最も欲し而も最も得べからざる所である。此に於てか或ひは靜坐法に趨せ、呼吸法に求め、或は醫學に、藥物に據らんとし、渴者の水を求むるが如し。然れどもその何れも、病となるべき根源を斷ずる事を知らず、只枝葉の問題を云々するに過ぎない。

見よ、是等の方法により効果を治めたるものその幾分なるか？、耳根圓通法は、即ちこれまで不明なりし病根を闡明し、耳根よりの定力によりて、これを斷滅して全身の營養を旺ならしむるのである。腦の明晰・胃腸の健全等又附髓の問題たるに過ぎぬ。即ち耳根圓通法は精神の修養法たると共に、又身體の強健法である。

今や泰西の文物宇内に普及し、物理の深奥を究め、智識の精緻を盡すと雖も、而も人生の一大事たる、身心惑病の根源に就ては今日迄其説未だ詳ならず、況やその實證をや。然るに耳根圓通法一度出でゝ無明長夜の夢は醒めた。有縁の諸士よ！、希くは迷ふ所なく實踐證得して一切の惑病を斷じ、以て六塵の外に超脱し、長へに無病健全の大安樂を享受し、旁ら社會公益に資する所あらば、人生の眞意義茲に現れて來るので、是れ實に佛祖の亦本懐とせらるゝ所であると思ふ。

身心解脱耳根圓通法祕錄

終

楞嚴經略疏

楞嚴經略疏

木原鬼佛述

耳根圓通法はその根源を釋迦の大乘教として說かれた楞嚴經より發したものであるが、左に本文中に引用した該經中の經句を摘載し、之に略解を附して諸士の參考に資せんとす。

一、楞嚴經大意

楞嚴經とは「大佛頂如來蜜圓修證了義諸菩薩萬行首楞嚴經」の略名にして、又首楞嚴經とも云ふ。唐の神龍元年乙巳歲五月・中天竺沙門波羅蜜諦・廣州の制止道場に於て譯出し菩薩戒の弟子前正諫大夫・同中書門下平章事・清河の房融筆授し、烏長國沙門彌伽釋迦の譯語したものである。

涅槃經に曰く「首楞トハ一切事竟ナリ、嚴トハ堅固ナリ、一切畢竟シテ堅固ナルヲ得ルヲ首楞嚴ト名ク」と。故に此經には大佛頂たる衆生の眞心を示し、如來を成ずる妙因として了義經を證する菩薩の萬行に於て、一切を究竟し堅固安住を得せしむるの妙行を開示するが故に、之を題名とせられたのである。

本經は大略分つて十段となす。第一段は佛弟子阿難尊者が婬女摩登伽の爲めに大幻術を以て飜弄せられ、將に戒體を破毀せんとせしに、不可思議なる咒力によつて佛の會坐に歸來し纖悔して佛に修三昧の教を請へることを叙し、第二段には阿難が一切諸法の本源に達せずして、妄法を認めて眞相と爲すの邪見を破し、眞心を以て眞性を究めんことを勸め、第三段には眞性は圓明淨妙にして本來常住なることを說きて、眞妄の二見は畢竟凡夫の顚倒夢想の迷見より生ずることを明にせらる、第四段には修行方法を示し、第五段には魔行を離るゝの修行を辨じて、秘密の法門なる佛項神咒を說き、第六段には妄見を返して本覺淨明の眞源に歸入する地位の階級を示し、第七段には本經歸趣の題目を說き、第八段には惑業の所感に依つて、趣生の因に各差異あることを辨じて三界二十五有等の相を示し、第九段には禪那の現境を擧げて魔事を宣說し以て定慧圓明の修行を示さる。第十段は流通分にして、本經の永く世に住して後代の衆生を利益せんことを陳べらる。

要するに本經は五陰・十二處・十八界・七大等に於て圓通無礙の理を詮し、二十五菩薩をして各の所修の法を擧げ所證の理を陳べしめ、文殊師利法王子に勅して其所說を批判せしめ、最後に於ける觀世音菩薩の耳根圓通の法を以て入道の門と說かれてある。

二、楞嚴經略疏

佛言。善哉阿難。汝等當知。一切衆生。從無始來。生死相續、皆由不知常住眞心、性淨明體用諸妄想。此想不眞。故有輪轉(一卷)

「佛ノ言ハク「善イ哉阿難ヨ、汝等當ニ知ルベシ。一切衆生、無始ヨリ來《コノ》カタ、生死相續スルヿハ、皆ナ常住ノ眞心、性淨明ノ體ヲ知ラズシテ、諸ノ妄想ヲ用フルニ由レリ。此想ハ眞ナラズ。故ニ輪轉アリ」

この無始といふことは、佛教に限る語であつて、支那の聖賢でも、耶蘇教でも、天が作つたとか、又神が拵へたものだとか稱するけれども、佛教では之を無始と云ふて始めを說かずして一切萬物すべて因緣とするのである。

生死相續すと云ふ事は人死すとても滅するにあらずして其

體を異にし相續いて生存するをいふ。

常住の眞心、性淨明の體とは、大乘極致の說で、常に住み居る所の心性卽ち不生不滅の心體をいふので、此常住の眞心·性淨明の體を知らざるが故に玆に妄心が起つて來るのである。今日の心理學では、只單に知情意の三識を說きたるのみで、未だこの眞心に就いては明瞭に說いてない。眞心の說明は佛教の特徵である。

妄想とは眞心性淨明の體に對するので、起信論にいふ心眞如に對する心の心體の生滅する所の妄想である。この生滅心が動じて煩惱を起すに至る。又此妄想が心眞如の心の智覺の本體に交つて居る故に和合識と云ひ、又種々の物を含藏して居るが故に含藏識といふ。心理學の智情意は卽ち此妄想を指したのである。

輪轉とは動き廻る義であつて、何れも生滅心の妄想が取り止めもなく動く所から、之を車輪の廻るに喩へたのである。

釋迦如來の尊い所は心の迷悟から苦樂の淵源までも悉く究められて、一心に二種の根本を創見せられた點にある。其心源を究め、其妄想の本體を說かれたのを、實證的に發見したのは原坦山翁の外にないのである。

佛告阿難。一切衆生。從無始來。種々顚倒。業種自然。如惡叉聚。諸修行人。不能得成無上菩薩。乃至別成聲聞緣覺。及成外道。諸天。魔王。及魔眷屬。皆由不知二種根本錯亂修習(二卷)

「佛·阿難ニ告ゲタマハク「一切ノ衆生ハ、無始ヨリ來《コノ》カタ、種々ニ顚倒シテ、業《ゴウ》種《シユ》ノ自《ジ》然《ネン》ナルヿヲ惡叉聚ノ如シ。諸ノ修行ノ人ノ、無上菩提ヲ成ズルヿヲ得ルコト能ハズシテ、乃至別レテ聲聞緣覺トナリ、及ビ外道・諸天・魔王・及ビ魔ノ眷屬トナレルハ、皆二種ノ根本ヲ知ラズシテ、錯亂シテ修習スルニ由レリ」

一切の衆生は皆無始より顚倒して種々の業を造り、其業報相續するから、其業報の根本を斷滅せない限りは幾ら修行しても、無上菩提を成就することは出來ぬ。然して其無上菩提とは如來の悟りである。

是に於て佛は阿難に告げたまはく、一切の人類及び生物は過去生々より以來、種々の顚倒想を懷き、惡業の種を蒔くこと殆ご常習となり、其狀恰も惡叉聚の如くなる。此惡叉聚とは暴惡なる無頼漢が相互に惡事を敎唆煽動して益々惡を爲すが如きを云ふ。これが爲めに一旦道に志すも、容易に無上正覺を成就する事は出來ぬ。又漸くにして道に入る事を得るとも、聲聞緣覺の如き小乘の悟りに止り、或者は外道天魔等となる。之は畢竟二種の根本を知らずして修行を誤るの致す所である。

云何二種。阿難。一者無始生死根本。則汝今者。與諸衆生。用攀緣心。爲自性者。二者無始菩提涅槃。元清淨體。則汝今者。識精元明。能生諸緣。緣所遺者。由諸衆生遺此本明雖終日行。而不自覺枉入諸趣。（一卷）

「云《イ》何《カ》ナルヲカ二種トセン。阿難ヨ、一ニハ無始生死ノ根本ナリ。卽チ汝ガ今諸ノ衆生ト與ニ、攀緣ノ心ヲ用ヰテ自性トスル者ナリ。二ニハ無始ノ菩提涅槃元清淨ノ體ナリ。卽チ汝ガ今識精元明ヨリ能ク諸緣ヲ生ジテ、緣ヲ遺《ウシナ》ヒタル者ナリ。諸ノ衆生ノ此本明ヲ遺ヘルニ由リテ、終日行ズト雖モ、而モ自覺セズシテ、枉ゲテ諸趣ニ入ル。」

常住の眞心即ち佛性を知らざれば、假令塵劫の永きを經るとも終に正覺を得ることは出來ない。然して二種の根本とは、一は生死の根本である。これは攀縁心といつて、妄りに心を外境に馳せ、皮相感覺の生活に甘んずるをいふ。二には菩提涅槃である。これは元來清淨にして本體たる佛性を知らず、感覺の智識を推究すれば、その根本には心の本體ありてそれより發する者なるに、却て感覺の智覺の爲めに心の本體を遺はさるゝのであるから、終日修行しても、妄想に導かれて惡趣に入るのである。故に此攀縁心即ち皮相感覺よりする妄想を惑源とし、本明の眞心を覺體とする故、二種の根本となす。然るに世人は念々生滅の心を以て眞となし、其眞心を覺知せずして之を怠る。是れ錯亂修習なりと誡められたのである。

色心諸緣。及心所使。諸所緣法。唯心所現。汝身汝心。皆是妙明眞精。妙心中所現物。云何汝等。遺失本妙圓妙明心。寶妙妙性。認悟中迷。晦昧爲空。空晦暗中。結暗爲色。色雜妄想。想相爲身。聚緣內搖。趣外奔逸。昏擾擾相。以爲心性。一迷爲心。決定惑爲色身之內。（卷二）

「色ト心ト諸緣及ビ心所使ト諸ノ諸緣ノ法トハ、唯心ノ所現ナリト。汝ガ身ト汝ノ心トハ皆是レ妙明ノ眞精、妙心ノ中ノ所現ノ物ナリ。云何ゾ汝等。本妙圓妙ノ明心・寶妙ノ妙性ヲ遺失シテ、悟中ノ迷ヲ認ムルヤ。晦昧ニシテ空トナリ、空ト晦トノ暗中ニ暗ヲ結ンデ色ト爲ス。色妄想ニ雜《マジハ》ツテ、相ノ相《アラハ》レタルヲ身トナシ、緣ヲ聚メテ內ニ搖ギ、外ニ趣イテ奔逸ス。昏《クラ》クシテ擾々タル相ノ心性ト以《オ》爲《モ》ヘリ、一タビ迷フテ心ト爲レバ、決定シテ惑フテ（我ガ心）色身ノ內（ニ在リ）ト爲ヘリ。」

色法は身體方面にあつて、所謂眼耳鼻舌身の五根と、之に對する色聲香味觸の五塵及び無表色とをいひ、心法とは精神方面にあつて、八識心王を稱し、眼耳鼻舌身意の六識と、第七の末那識及ひ第八の阿頼耶識をいひ（大小乘の差別はあれど）諸緣とは此色法と心法と互に相關係する心の作用を稱するので、主觀的に見たものである。所緣の法とは諸緣とは異なり、心の爲めに緣ぜられたるを稱するので、客觀的に見たものである。然して感覺とは心所使の法をいふのである。人の身體や心意も妙用の眞精妙心中の所現であるが、其妙明の心性を遺忘して、元來具足して居る悟りの中に迷つて居る有樣である。世人は客觀的の色法に主觀的の妄想を加へて其身を誤るのである。又事物の道理が錯亂して妄想を起し、其妄想を心性なりと考へる者がある。又更に迷ふて心性は色身の内に在ると思ふものがあるが、これ妄想分別の心相を心性と思ふからである。

清淨本然。云何忽生山河大地(卷四)

「清淨本然ナラバ、云何ゾ忽ニ山河大地ヲ生ズ。」

絶對とか神とかを宇宙の根源とし、又佛教にては眞如を立て丶此等一切萬象が出て來たものとなすのである。所が此絶對とか神とか眞如とかいふものは、其性質單純にして善惡を超越したもので、其超差別、超善惡のものが、如何にして此千差萬別善惡吉凶、紛々たる現在目前の宇宙を流出し得るか、これは宗教、哲學上の大問題である。個人の心の上に映るは千差萬別であるが、其本を糺して見ると何れも此問題の變化したものに過ぎない。

如澄濁水貯於靜器靜深不動沙土自沈清水現前。名爲初伏客塵煩惱。去泥純水。名爲永斷根本無明、明相精純一切變現不爲煩惱。皆合涅槃清淨妙德（卷四）

「濁水ヲ澄《スマ》スニ、靜器ニ貯《イ》レテ靜深ニシテ動ゼザレバ、沙土自ラ沈ミテ、清水現前スルガ如シ、名ケテ初ニ容塵煩惱ヲ伏スト爲シ、泥ヲ去リテ純水ナルヲ、名ケテ永ク根本無明ヲ斷ズト爲ス。明相精純ニシテ、一切變現スレドモ煩惱ヲ爲サズ、皆涅槃清淨ノ妙德ニ合ス。」

斷惑の工夫には初め混濁の煩惱障を斷じ、而て所知障を斷ぜねばならぬ客塵煩惱は浮庄根にして、根本無明は倶生の惑體である。此二障を斷滅せねば涅槃清淨明德を得る事は出來ぬ而して此客塵煩惱、根本無明は識性より生じ、涅槃元清淨の體は心性をいふのである。聲聞緣覺の修行法にては煩惱障は斷ずる事が出來るが、所知障は斷ずる事が出來ない。然るに菩薩行にては所知障を斷ずる事が出來る耳根圓通法はその所知障を斷ずるのであるから大悟底に到る事が出來るのである。而して濁水を貯ふこいふは何れの所であるか古來この靜器の場所を確實に指した人はない。故に胸部こ云ひ、或は腹部こ云ひ、五里霧中に迷つてゐた、これ從來八識心王は前腦にある事を知らざるが爲である。然るに原坦山翁は心性の源府は前腦に在りこ主張し、原田老師は一身を犧牲こしてその實驗實證に依つて脊髓より後腦に昇流する混濁せる不覺・無明・阿陀識が前腦の心性に和合するを耳根圓通の定力に依つて後腦に流れを返せば、無明を斷滅し六根清淨こなつて無病健全こなる事が出來る。故に濁水を靜器に貯へて靜深にして不動なれば、沙土自ら沈んで靜水現前するが如しと說かれたるは、八識心王の腦部に於て濁水を精沈淘汰して淸淨水と爲すをいふのである。

阿難白佛言。世尊云何逆流深入一門。能令六根一時淸淨（卷四）

「阿難、佛ニ白《マヲ》シテ言《マヲ》サク「世尊、云何カ流ヲ逆《カヘ》シテ深ク一門ニ入リ、能ク六根ヲシテ、一時ニ淸淨ナラシメン。」

六根、六塵、六識の十八界を一々修行して、無上菩提の妙果を圓滿する事を得る故に、一門より深く入つて惑ふなき時は六根一時に淸淨となる。これ耳根圓通を言つたものである。

解結因次第。六解一亦亡根。選擇圓通。入流成正覺。

「結ヲ解ク了ハ次第ニ因ル、六解《ゲ》スレバ一モ亦亡フ。根ニ圓通ヲ選擇シテ流ヲ入《カヘ》セバ、正覺ヲ成ズ。」

耳根よりの定力によつて陀那の返流を行へば六根に停滯固結する無明煩惱の粘液解除脫盡して淸淨の妙體となる故、正覺を成就する事が出來る。

陀那微細識。習氣成暴流。眞非眞恐迷・我常不開演。(卷四)

「陀那ハ微細ノ識ナリ。習氣暴流ヲ成ス。眞ト非眞トニ迷ハンヿヲ恐レテ、我常ニ開演セズ。」

無明の根本となる陀那微細の識は耳根より身體へ流れ出るものであるが、此陀那識の事を詳しく示せば、眞非眞に迷ふ故、如來は是を說かれなかつた。而れども楞嚴經の終に於て「彌勤菩薩識性ヨリ無量ノ如來流出ス。因テ十方唯識ヲ觀ズルヲ以テ、識心圓明ナリ」とある。即ち無上妙圓識心三昧を以て識性の部を說示せられたのである。

爾時觀世音菩薩。即從座起。頂禮佛足。而白佛言。世尊。憶念我昔。無數恒河沙劫。於時有佛出現於世。名觀世音。我於彼佛。發菩提心。彼佛教我。從聞思修。入三摩地。初於聞中。入流亡所。所入既寂。動靜二相。了然不生(卷六)

「爾ノ時ニ觀世音菩薩ハ、即チ座ヨリ起チ、佛足ヲ頂禮シテ、而モ佛ニ白シテ言サク「世尊、我昔ノ無數恒河沙劫ヲ憶念スルニ、時ニ於テ、佛世ニ出現シタマフヿアリ、觀世音ト名ク、我彼ノ佛(ノ所)ニ於テ菩提心ヲ發《オコ》セリ。彼ノ佛、我ニ教ヘテ、聞思修ヨリ三摩地ニ入ラシム、初メ聞《モン》ノ中ニ於テ、流ヲ入《カヘ》シテ所ヲ亡ズ。所入既ニ寂ナレバ、動靜ノ二相了然トシテ生ゼズ、」

この「初メ聞中ニ於テ云々」の語は耳根圓通法の根源であつて聞ごは耳ごいふ義である。即ち耳より定力を入れて陀那を返入すれば、識性の惑本を斷ず。即ち識性より生ずる阿陀那識を返すによつて、動靜の二相は了然こして生ぜざるに至るのである。

由我所得。圓通本根。發妙耳門。然後身心微妙含容。周編法界（卷六）

「我ガ得ル所ノ圓通ノ本根、妙耳ノ門ヨリ發シテ、然シテ後ニ身心微妙ニ含容シ、法界ニ周編スルニ由ル。」

身心解脱の圓通の本根は、妙耳の門より發生してゐる。含容こいふは微妙の相を含みゐて、十方法界に偏滿してゐるをいふ。

佛問圓通我從耳門。圓照三昧。緣心自在。因入流相。得三摩提。成就菩提斯爲第一。（卷六）

「佛圓通ヲ問ヒタマフ。我耳門圓照三昧ニ從ツテ、緣心自在ニシテ、流相ヲ入スニ因ツテ、三摩提ヲ得テ菩提ヲ成就ス、斯《コレ》ヲ第一ト爲ス。」

圓照とは即ち智惠を以て煩惱を照す義で、流相を入すとは陀那の六識七識に流れ行くを、定力を以て後腦にかへすをいふ即ちこれが身心解脱の第一法であると示されたのである。

六根亦如是。元依一精明。分成六和合。一處成休復。六用皆不成（卷六）

「六根モ亦是ノ如シ。元一精明ニ依ツテ、分レテ六和合ト成ル一處休復モ成ズレバ、六用皆成ゼズ。」

一精明とは一心であつて、六根の元は一心であるが、分れて六通りになる。一處休復といふは、八識の根本が、休復すれば卽ち覺圓明なるので、之れが元であるからこの義がある。

一元なる精明の六識和合より七識も六識も出て來るのであるから流を入して正覺を成すといふは明かな事實である。

楞嚴經略疏（終）

耳根通徹修得證授與規定

第一條　耳根圓通法ヲ修行シ通徹シタルモノハ本會會則ニ依リ修得證（直接教授ヲ受ケタルモノハ印可證）ヲ請求スルコトヲ得

第二條　修得證ヲ請求セントスルモノハ「通徹實驗報告」及ビ「耳根圓通法ニ對スル感想」ヲ半紙型罫紙へ明瞭ニ記シ修得證手數料トシテ金參拾錢ヲ添へ本會宛申込ムベシ（報告ノ際ハ會員番號明記ノ事）

第三條　本會ハ報告書ニ依リテ其可否ヲ審査シ通徹ト認メタル時ハ直チニ修得證ヲ送付ス

但シ通徹ト認ムル能ハザル場合ハ手數料ヲ返却シ修行ヲ續行セシメ完全ニ通徹シ得ル迄質問ニ應答ス（質問ハ極簡單ニ其要點ヲ明記スル事）

心靈哲學會

大正六年五月一日印刷
大正六年五月六日發行
大正六年十二月三十日再版
大正七年二月一日三版

非賣品

不許復製

著作兼發行者　島根縣松江寺町九十九番地　木原通德

印刷者　島根縣松江市片原七十九番地　布野友太郎

印刷所　島根縣松江市片原七十九番地　文友社　電話三三五番

發行所　松江市寺町九九　心靈哲學會
(振替口座大阪二一六五七番)

身心解脱 耳根円通法秘録

定価 二八〇〇円＋税

大正 六 年五月 六 日 初版発行
平成二十年二月二十五日 復刻版発行

著者 木原鬼仏

発行 八幡書店
東京都品川区上大崎二―十三―三十五
ニューフジビル二階
電話 〇三（三四四二）八一二九
振替 〇〇一八〇―一―九五一七四